초역 채근담

지은이 · 홍자성 (洪自誠)

명나라 말기의 문인이자 학자. 상인 가문 출신으로 젊어서는 출세와 성공을 좇으며 좌절을 겪고, 나이 들어서는 세상에서 한발 물러나 저술에 몰두했다. '사람이 풀뿌리를 씹을 수만 있다면 무엇이든 할 수 있다'는 말에서 제목을 딴《채근담》은 험한 세상을 견디고 자신을 다스리며 살아가는 지혜를 담은 잠언집이다. 냉혹한 현실에 매몰되거나 좌절하여 포기하지 말고, 자기중심을 잡으라고 조언하는 이 책은 시대를 초월한 인생 지침서로 지금까지 널리 사랑받고 있다.

엮은이 · 유키 아코 (祐木亜子)

일본 도호쿠대학교 경제학부를 졸업하고 와세다대학교 대학원 아시아태평양연구과를 거쳐 중국 서안에서 유학했다. 이후 상하이 법률사무소에서 통번역 업무에 종사했으며, 현재는 중국 관련 저술에 관여하며 일중 관계 및 커뮤니케이션에 관한 강연 활동을 하고 있다.

中国古典の知恵に学ぶ 菜根譚

Copyright © 2022 by 洪自誠, 祐木 亜子
Korean Translation Copyright © 2025 by Bookie Publishing House
Korean edition is published by arrangement with Discover21 through Duran Kim Agency.
All rights reserved.

인생의 고비마다 답을 주는

초역 채근담

홍자성 지음

유키 아코 엮음

박재현 옮김

부·키

옮긴이 · 박재현

상명대학교 일어일문학과를 졸업하고 일본으로 건너가 일본외국어전문학교 일
한 통번역학과를 졸업했다. 일본 도서 저작권 에이전트로 일했으며, 현재는 출
판 기획자 및 전문 번역자로 활동 중이다. 옮긴 책으로는 《니체의 말》《아들러
심리학을 읽는 밤》《초역 부처의 말》《살림지옥 해방일지》등이 있다.

초역 채근담

초판 1쇄 발행 2025년 4월 23일 | 초판 7쇄 발행 2025년 6월 5일

지은이 홍자성
엮은이 유키 아코
옮긴이 박재현
발행인 박윤우
편집 김송은 김유진 박영서 백은영 성한경 장미숙
마케팅 박서연 정미진 정시원 함석영
디자인 박아형 이세연
경영지원 이지영 주진호
발행처 부키(주) | 출판신고 2012년 9월 27일
주소 서울시 마포구 양화로 125 경남관광빌딩 7층
전화 02-325-0846 | 팩스 02-325-0841
이메일 webmaster@bookie.co.kr
ISBN 979-11-93528-58-7 03150

만든 사람들
편집 김유진 | 디자인 이세연

오늘도 마음을 놓친 채 정신없이 스마트폰을 스크롤하는 사람들에 둘러싸여 목적지로 향한다. 지하철 안을 둘러보면, 가상자산 계좌를 몇 초 간격으로 새로고침 하는 이가 있는가 하면, 언제 끝날지 모를 영상들을 바삐 넘겨 보는 사람도 있다. 모두가 빠른 물질적 성장과 즉각적인 즐거움을 찾아 쉼 없이 달리는 것만 같다.

미디어에서는 가끔 나를 초근목피로 사는 사람처럼 묘사하기도 하지만, 사실 나라고 해서 크게 다르지 않다. 정신없는 외래 진료 일정을 마치고 나면, 마치 허기진 배를 채우듯 빠른 보상에 매달리는 내 모습이 그저 부끄러울 뿐이다. 음식과 술, 그리고 물건에 대한 욕망의 소용돌이.

인간이 작동하는 원리에 대한 연구들을 하나둘 살펴볼수록 깨닫게 되는 것은, 결국 내 삶을 바라보는 관점이 삶의 운영 방식과 원칙을 결정한다는 점이다. 그 관점이 왜곡되고 치우치면 삶은 균형을 잃고 망가지기 쉽다. 스트레스에 절어 기능이 떨어진 뇌는 더욱 나쁜 생활 습관을 부르고, 악화된 습관은 내면의 상태까지 더 지저분하게 만들어 버린다. 그래서 나는 가속노화가 단순히 생활 습관만의 문제가 아니라, 마음과 정신, 그리고 우리 안의 운영 원칙 자체가 잘못될 때 생기는 복합적인 결과라고 늘 생각해 왔다.

마음을 놓친 상태에서는 욕심이 많아지고, 씀씀이도 헤퍼지며, 만족하지 못하는 데서 오는 갈증이 더욱 커진다. 반면 마음을 챙기는 상태로 돌아오면 신기하리만큼 욕심이 눈 녹듯 사라지고, 여유로운 마음자리가 생긴다. 이 마음챙김을 되찾는 것은 늘 내 휴가의 최우선 과제이기도 하다.

책장에서 손때 묻어 너덜너덜해진 《채근담》을 꺼내어 잔잔히 읽고, 몸을 움직여 부지런히 달리기도 하고, 요가 매트에 누워 명상하며 호흡에 집중한다. 그러다 배가 고프면 가벼운 식사를 한다. 그 순간에 나는 더 이상 갖고 싶은 것이 없다. 더 빨리, 더 많이 채워 넣어야 한다는 강박도 사라진다. 지금의 호흡에, 지금의 고요함에 내 정신이 온전히 깃든다. 그러면 몸과 마음 사이에 자연스레 선순환이 일어난다. 혈압이 안정되고, 심박 변이가 호전되는 것은 시간문제다. 뇌가 맑아지는 기분이 들수록, 내가 먹고 마시는 것 역시 점차 간소해지고 깨끗해진다. 더 적게, 맑게 소비하면서도 풍요로움이 가득하다.

핵심은 삶을 바라보는 관점과 이를 실행에 옮기는 운영 원칙이다. '더 빨리, 더 많이, 더 화려하게'를 지고지선至高至善의 목표로 삼을 때, 자기돌봄이 들어설 자리는 없다. 자기돌봄이 사라진 삶에서는 신체적·정신적 스트레스가 겹겹이 쌓이며 가속노화의 악순환이 시작된다. 남는 것은 탐욕, 분노, 무지, 허무함. 결국 내면의 빛을 잃어버린 사람이 되어 간다. 더 잘 살기 위해 열심히 달렸을 뿐인데, 어느새 정신이 피폐해진 자신을 발견하기도 한다. 그래서 우리가 '삶을 어떻게 바라볼 것인가'라는 질문에 답을 찾기 위해서는, 스스로에게 닻이 되어 줄 만한 지침이 필요하다. 바로 이때,《채근담》은 탁월한 방향키가 되어 준다.

"줄일 생각은 하지 않고 늘리려고만 하는 사람은 온갖 것에 자신을 옭아매 옴짝달싹하지 못한다."

"몸도 마음도 적당히 고생이 필요하고, 그러면서도 여유를 즐길 줄 알아야 한다."

얼핏 당연해 보이지만, 실제로는 잊고 살기 쉬운 이러한 삶의 원칙은 종종 되돌아볼 때마다 소중한 울림을 준다. 몸은 제자리에 머무르지 않고 끊임없이 움직이되, 지나친 자극이나 탐닉은 피하고, 식사도 경박단소輕薄短小하게 하며, 마음의 가벼움을 유지하는 것. 이는 결국 '저속노화 마인드셋'과도 일맥상통한다.

정신없이 바쁜 일상에서 마음과 생활이 어지럽게 얽혀 있다면, 《채근담》의 지혜가 삶의 균형이 어디서 어긋났는지 점검해 볼 수 있는 훌륭한 시작점이 될 것이다. 빠른 보상과 끊임없는 자극만을 좇다가 지쳐 버린 현대인이, 다시금 자신을 돌아보고 삶의 리듬을 조절하기 위해서라도 말이다. 바로 지금, 우리의 관심과 주의를 조금 덜 밖으로 내보내고, 그만큼 안으로 되돌리는 것.《채근담》의 이 메시지를 내 삶에 적용해 본다면, 가속노화의 악순환에서 벗어나 좀 더 단단하고 건강한 일상을 만들어 갈 수 있을 것이다.

🍃 정희원 (서울아산병원 노년내과 교수)

약 400년 전, 중국 명나라 시대의 학자 홍자성이 쓴 《채근담》은 20세기 이후에 더 주목받으며 널리 읽힌 수신과 처세의 고전이다. 특히 기업가들과 정치인들이 인생 책으로 곁에 두고 탐독한 것으로 유명하다. 상인 가문 출신이라는 것 외에 행적조차 거의 알려지지 않은 옛 저자의 책이 왜 지금까지 무수히 새로 번역되며 전 세계적으로 인기를 얻고 있을까?

《채근담》이라는 제목은 '사람이 풀뿌리(채근)를 씹을 수만 있다면 무엇이든 할 수 있다'는 말에서 따온 것으로, 질긴 나무뿌리를 씹듯이 어려운 상황을 견디어 내면 많은 것을 이룰 수 있다는 뜻이다. 저자 홍자성은 책상머리에 앉아 공부만 한 학자가 아니었다. 젊을 때는 성공과 출세를 지향했으나 그 길이 그리 순탄하지는 않았던 듯하다. 세파에 시달리며 갖은 좌절을 겪고, 나이가 들어서는 세상에서 한발 물러나 저술에 몰두했다. 그가 현실에서 부대끼며 온몸으로 깨달은 바를 기록한 《채근담》에는 독자들이 이를 일찍이 깨우쳐 후회 없는 인생을 살길 바라는 마음이 담겨 있다. 그러니 늦기 전에 이 책을 읽어 삶에 방향키로 삼는다면, 더 나이 들어 아쉬워할 일을 하나라도 줄일 수 있을 것이다.

《채근담》은 삶에서 중요한 원칙을 예리하게 짚어 낸 것으로 높이 평가받는다. 유교에 뿌리를 두지만 불교와 도교에도 식견을 갖췄던 홍자성은 어느 한 가지 사상을 고집하기보다, 세상을 살아가는 데 도움이 된다면 어떤 것이든 융통성 있게 취했다. 유교는 자신을 엄격하게 통제하고 관리해야 한다고 가르치는 한편, 도교는 어디에도 얽매이지 않고 자유롭게 살아갈 것을 권한다. 이 두 가지가 현실적인 지혜라면, 불교는 우주의 진리와 깨달음의 경지를 논한다. 《채근담》에는 이 모든 요소가 두루 담겨 있어, 독자들이 저마다 품은 온갖 고민과 의문에 대한 답을 얻을 수 있다.

언뜻 모순되는 것처럼 들리는 주장이 한 권에 담겨 있

는 것도 그런 이유다. 어느 구절에서는 고통을 견디며 노력하라고 말하고, 다른 구절에서는 마음의 여유를 갖고 즐겁게 살라고 조언하며, 또 다른 구절에서는 현실은 다 허상임을 알라고 깨우치는 《채근담》은 다양한 상황과 복잡한 심리의 틈바구니에서 흔들리는 우리에게 매 순간 적절한 조언을 건네는 매우 유연한 책이다. 그와 동시에, 극단으로 치닫지 않고 적절한 균형감각을 유지하는 것이 무엇보다 필요함을 일깨워 주고 있다.

홍자성이 살았던 명나라 말기의 혼란스럽고 부패한 시대상을 떠올리면 이처럼 유연한 처세가 얼마나 중요했을지 짐작할 수 있다. "생각대로 되지 않는다고 근심하지 말고, 생각대로 되었다고 기뻐하지 말라." "하늘이 행복을 내려 주지 않는다면, 자기 자신을 갈고닦아 스스로 행복을 구하라." 그는 현실이 아무리 부조리해도 그것을 부정하거나 비관에 빠지지 않는다. 한 걸음 물러서서 상황을 파악하고, 자신을 다스리며, 문제를 바로잡을 기회를 모색한다. 그런 점에서 《채근담》은 그 어떤 고전보다도 이 시대에 걸맞은 현실주의적이고 실용적인 지혜서다.

또한 어려운 경전이 아니라 짤막한 경구로 이루어진 격언집이기 때문에, 동양 고전을 처음 접하는 이들에게도

추천할 만하다. 원전은 전집 225편과 후집 134편을 합하여 총 359편의 글로 이루어졌는데, 이 책은 그중에서 현대를 살아가는 우리에게 유용하다고 생각되는 220편을 엄선하여 옮겼다. 원문의 예스러운 표현이나 비유 등은 쉬운 현대어로 풀어내 독자의 이해를 돕고자 했다.

각 한 편의 글은 짧지만 그 안에 담긴 사유는 결코 얕지 않다. 머릿속이 복잡하게 엉킨 생각들로 가득할 때, 사소한 일에도 공연히 마음이 흔들릴 때, 그저 담담하고 의연하게 살고 싶을 때, 눈길 가는 대로 어느 페이지든 펼쳐서 풀뿌리 씹듯 찬찬히 음미해 보길 권한다. 읽을 때마다 새로워지고 깊어지는 그 맛에 당신도 눈뜨게 될 것이다.

차례

1부

삶의 태도에 대하여

사람으로서 부끄럽지 않게 산다

부끄럽지 않게 정직한 태도로 살아가는 사람은
일시적으로 출세의 길에서 벗어나기도 하고
불우한 처지에 놓이기도 한다.

반면, 권력자의 비위를 맞추고 아첨하는 자는
당장은 대접받으며 득의양양한 생활을 할지 몰라도
그것이 결코 오래 이어지지 않는다.

차라리 한때 불우하고 고독할지언정
영원히 불쌍하고 처량해질 일은 피해야 한다.

| 전집 1칙

소박하고 우직하게 산다

인생 경험이 열을 때는
세상의 나쁜 관습이나 조직의 악습에도 덜 물든다.

그러나 경험이 풍부해지면서
냉혹한 현실에서 살아남기 위해
이런저런 기술과 책략을 익히기 마련이다.

능수능란한 처세술보다는
소박하고 우직하게 사는 것이 낫고,
지나치게 예의를 차리기보다는
투박하고 순진한 것이 더 낫다.

| 전집 2칙

고수는 책략을 알아도 쓰지 않는다

권세나 이익, 호화로운 생활이나 화려한 치장을
가까이 하지 않는 사람은 분명 청렴하다.

그러나 이런 것을 가까이 하면서도
물들지 않는 사람이 진정 가장 청렴결백하다.

남을 속이거나 함정에 빠뜨리는 책략 같은 것을
모르는 사람은 분명 현명하다.

그러나 이런 권모술수를 잘 알면서도
쓰지 않는 사람이야말로 실로 가장 현명하다.

| 전집 4칙

쓰디쓴 충고와 시련을 환영하라

귀에 거슬리는 충고와 잔소리를 늘 듣고
마음대로 되지 않는 일이 항상 생긴다면
자신을 단련하여 크게 성장할 수 있는 기회다.

이와 반대로 입에 발린 말이나 칭찬만을 듣고
모든 일이 내 뜻대로 되어 간다면
인생을 독毒 안에 푹 담그는 꼴이다.

| 전집 5칙

곧은 의지는 담백한 생활에서 나온다

소박한 음식을 먹고 검소하게 사는 사람은
대개 청아한 마음을 지닌다.

반면, 호화롭고 사치스럽게 지내는 사람은
힘 있는 자에게 아첨하며 따르다가
어느새 자신의 의지나 신념을 잃는 일이 많다.

의지는 욕심 없는 담백한 생활로 더욱 빛나고,
절개와 지조는 달콤한 맛과 아름다운 옷을 좇다가
점차 잃어버리는 법이다.

| 전집 11칙

바쁜 때일수록 유유자적하라

사회적으로 높은 지위에 있을 때는
몸도 마음도 쉴 틈 없이 바쁘다.
하지만 이러한 때일수록
지위나 인간관계에 구속받지 않고
심신이 여유롭게 쉴 수 있는 환경이 필요하다.

한편 자연 속에 은둔하여 유유자적 지내는 사람은
무심코 현실 사회에서 멀어져 세상 물정에 어둡게 된다.
따라서 시골 생활을 하더라도
늘 세상 돌아가는 일에서 눈을 떼지 말고
자기 나름의 생각과 의견을 가져야 한다.

| 전집 27칙

시대와 사람에 알맞게 처신하라

세상을 지혜롭게 살아 나가려면
시대의 흐름을 읽고 상대를 분별하여 행동하라.

평화롭고 안정된 시대라면
자신만의 의지와 신념을 갖고 일관된 태도로 살아가고,
규칙과 질서가 다소 흐트러진 시대라면
고지식하게 행동하기보다 유연하게 살아가는 것이 좋다.
규칙도 질서도 다 무너진 시대라면
일관된 의지와 신념을 가지면서도 유연성을 잃지 말고
양쪽을 오갈 줄 알아야 한다.

또한 선인善人에게는 관대한 태도로
악인惡人에게는 엄격한 태도로 대하며,
평범한 사람을 대할 때는
관용과 엄격함 두 가지를 아울러 지녀야 한다.

| 전집 50칙

권력보다 높은 것이 인덕

인덕으로 얻은 재산이나 명예는 들꽃과 같아서
저절로 가지를 뻗고 무성히 잎이 돋아 잘 자란다.

업적으로 얻은 재산이나 명예는 화분 속 꽃과 같아서
불현듯 옮겨지거나 버려질지 몰라 불안정하다.

권력으로 얻은 재산이나 명예는
뿌리가 없어서 며칠이면 시들어 버리는 꽃병 속의 꽃처럼
순간적인 것에 불과하다.

| 전집 59칙

탐욕을 경계하라

사람이 욕심이 과해지면
곧은 의지나 신념이 꺾여 나약해지고
이성이 제대로 작동하지 않는다.
너그러운 성격은 차갑고 잔혹하게 변하며
깨끗한 마음은 더럽게 물든다.
결국 인간으로서의 품격이 땅에 떨어진다.

그래서 과거의 지혜로운 이들은
무욕無欲을 가장 중요하게 여기며
속세를 초월하여 살았다.

| 전집 78칙

스스로 운명을 개척하라

하늘이 행복을 내려 주지 않는다면
자기 자신을 갈고닦아 행복을 구하라.

하늘이 내 몸을 괴롭게 한다면
마음을 편히 하여 고통을 줄이라.

하늘이 내가 갈 길을 방해한다면
힘써 노력하여 뚫고 나아가라.

그러면 하늘도 어찌할 방도가 없을 것이다.

| 전집 90칙

중년 이후의 삶이 일생을 좌우한다

젊은 시절 마음 내키는 대로 놀며
제아무리 시끌벅적하게 산 사람도
나이가 들어 일정한 직업을 갖고 견실하게 생활하면
과거의 들썩이던 삶은 상쇄되어 사라진다.

그러나 비록 젊었을 때 절도를 지키던 사람도
만년에 탐욕에 빠지거나 도리에 어긋나게 산다면
그제까지 성실히 살아온 인생을 헛되게 만드는 꼴이다.

후반생을 어떻게 보내느냐에 따라
사람의 일생이 결정되기 때문이다.

| 전집 92칙

꾸미지 않음에서 우러나는 품격

완성도 높은 문장이란
기발하고 세련된 표현을 담는 것이 아니다.
다만 말하고자 하는 바를
한 번 읽어 마음에 스미도록 알맞게 표현할 뿐이다.

인품이 훌륭한 사람이란
보통 사람과 특별히 다른 점이 있는 것이 아니다.
그저 자신을 꾸미지 않고
있는 그대로의 모습으로 살아갈 따름이다.

| 전집 102칙

보이지 않는 곳에서 신중하라

가장 잘나가는 전성기에 물러나고,
남과 다툴 일 없는 곳에 자신을 둔다.

남들이 보지 않는 곳에서 더 신중하게 행동하고,
보답을 기대할 수 없는 상대에게 더 힘써 베푼다.

| 전집 155-156칙

얄팍한 사람이 되지 마라

재산이나 지위를 좇기에 급급한 사람과 사귀느니
욕심 없이 담담한 산골 노인을 친구 삼는 것이 낫다.

호화로운 저택에 사는 권력자의 기분을 살피기보단
오두막에 사는 이와 가깝게 지내는 것이 낫다.

여기저기 떠도는 쓸데없는 소문에 귀 기울일 바엔
나무꾼이나 소 치는 목동의 노래를 듣는 것이 낫다.

요즘 사람들의 실패와 약점에 대해 떠들기보단
옛 사람들의 훌륭한 언행을 이야기하는 것이 낫다.

| 전집 157칙

소리 높여 주장하지 않고 온화하게 산다

주의·주장을 내세우는 사람은
일이 잘못되었을 때
그 주의·주장 때문에 비판받는다.

도덕을 내세우는 사람은
잘못을 저질렀을 때
그 도덕을 빌미로 비방과 모함을 당한다.

따라서 나쁜 일을 가까이하지 않고,
좋은 평판이나 명성도 내세우지 않으며,
오로지 온화하고 원만한 태도로 사는 것이
안전하게 이 세상을 건너는 방법이다.

| 전집 178칙

결국 평범한 것에 답이 있다

남을 함정에 빠뜨리는 책략이나 기묘한 습관,
이상한 행동이나 평범하지 않은 능력은
세상을 살면서 화를 불러오는 씨앗이 된다.

본래 인간이 갖추고 있는
지극히 평범한 인간성과 평범한 행동만으로도
충분히 평온하고 만족스러운 삶을 살 수 있다.

| 전집 181칙

인생이 순탄하기만 바랄 수는 없다

'산을 오를 때는 가파른 비탈길을 견디고,
눈 쌓인 길에서는 위험한 줄사닥다리를 견뎌야 한다.'
여기서 견딘다는 말에 깊은 뜻이 담겨 있다.

험난한 세상과 사람 사이를 평탄하게 건너기란
결코 쉬운 일이 아니다.
그렇다고 포기하거나 도망치면
산길에서 가시덤불이나 구덩이에 빠지듯
한층 더 어려운 상황에 처하고 만다.

중요한 것은 견디는 힘을 키워
참을성 있게 나아가는 것이다.

| 전집 182칙

나이 들수록 더 빛나는 사람

해가 지평선 아래로 저문 뒤에도
하늘은 석양으로 아름답게 빛나고,
한 해가 저물어 가는 추운 계절에도
감귤나무는 열매를 맺고 감미로운 향기를 풍긴다.

사람도 마찬가지니,
만년이 되어서도 정신을 더욱 가다듬으면
아름답고 향기로운 사람으로 세상의 존경을 받는다.

| 전집 199칙

빨리 간다고 이기는 것이 아니다

꽃이 화려하고 아름다워도
상록수의 늠름함에는 견줄 수 없다.

아름답지만 곧 수명을 다하는 것은
수수하게 오래가는 것에 미치지 못한다.

결국 빨리 이루어지는 것은
느지막이 이루는 것만 못하다.

| 전집 224칙

아웅다웅하느라 인생을 허비하지 마라

순식간에 타올랐다 꺼지는 불꽃 같은 인생에서
누가 더 길고 짧은지 다퉈 봤자
그것이 얼마나 대단하겠는가.

달팽이 뿔 위처럼 좁디좁은 세상에서
누가 이기고 지는지 소란을 떨어 봤자
그것이 또 얼마나 대단하겠는가.

| 후집 13칙

어디서든 얽매이지 않고 즐길 수 있다면

지금 가진 재산이나 지위가 덧없다는 사실을 안다면
굳이 세상을 등지고 산속에 들어가지 않아도 된다.

술 한 잔, 시 한 구절을 즐길 줄 아는 마음이 있다면
자연의 아름다운 경치를 늘 찾아다니지 않아도 된다.

| 후집 17칙

권력을 좇는 사람의 말로

권력에 빌붙는 사람은
그 권력이 내리막길로 접어들면
순식간에 혹독한 대가를 치르기 마련이다.

한편, 욕심내지 않고 고요하게 지내는 사람은
오래도록 평온한 삶을 즐길 수 있다.

| 후집 22칙

죽을 때와 병들 때를 늘 생각하라

색욕이 불꽃처럼 격렬하게 타올라도
병에 걸렸을 때를 생각하면 순식간에 식어 버린다.

명예나 이익이 아무리 달콤해도
문득 죽었을 때를 생각하면 돌연 시시해진다.

항상 죽음을 의식하고 병들 때를 생각한다면
온갖 욕망에 현혹되지 않고
참된 마음으로 살아갈 수 있다.

| 후집 24칙

인생의 참된 맛

길고 오래가는 맛은
진하고 좋은 술을 마시는 유복한 생활이 아니라
콩죽을 할짝거리는 소박한 생활에서 얻어진다.

쓸쓸하고 울적한 마음은
적막한 가운데 생기지 않으며
피리를 불고 거문고를 타는 데서 나온다.

결국 화려한 맛은 오래 지속되지 않으며
담백함 속에 진정한 풍미가 있다.

| 후집 34칙

많이 가질수록 크게 잃는다

가진 것이 많은 사람은 잃어도 크게 잃는다.
반대로, 가진 것이 없는 사람은
잃을 걱정이 없으니 편히 살아갈 수 있다.

지위가 높은 사람은
자빠지거나 바닥으로 곤두박질치기도 쉽다.
한편, 지위가 낮은 사람은
추락할 걱정이 없으니 안심하고 지낼 수 있다.

| 후집 53칙

자연스러운 것이 가장 아름답다

꽃을 화분에 옮겨 심으면 점차 생기를 잃고,
새를 새장에 가두면 곧 야생성을 잃는다.

산속에서 꽃이 마음껏 피어나고
새가 자유로이 날아다니는 것처럼,
본래 모습대로 자연스럽게 사는 것이 가장 아름답다.

| 후집 55칙

아무 일 없이 평범한 하루가 곧 행복이다

즐거운 일이 있다고 기뻐하자마자 곧 문제가 생기고,
일이 잘 풀린다고 생각하자마자 금세 불운이 닥치니
인생이란 결국 이런 것이다.

그저 평범한 한 끼 식사와
흔해 빠진 일상 가운데
평온하고 안락한 인생의 정수가 담겨 있다.

| 후집 60칙

죽음을 앞두고서야 알게 되는 것

겨울이 되어 앙상한 가지만 남은 나무를 보고서야
잎이 무성하고 아름다운 꽃을 피우던 것이
일시적인 영화였음을 깨닫는다.

사람도 이와 같으니,
죽어서 관 뚜껑 덮을 때가 되어서야
살아서 쌓아 올린 재산이나 애지중지 키운 자식이
아무런 도움도 되지 않는다는 것을 깨닫는다.

그러니 어떤 걱정도 아쉬움도 없이
홀가분한 마음으로 죽음을 맞이할 수 있도록
하루하루 후회 없는 현재를 살아야 한다.

| 후집 77칙

노예가 아닌 주인의 삶을 살라

자기 나름의 사고방식이나 확고한 신념을 가지고
주체적으로 일을 추진하는 사람은
성공해도 뻐기거나 하지 않고
실패해도 끙끙 속앓이를 하지 않는다.
이런 사람은 어디서 살아가든, 무슨 일이 닥치든
의연하게 대처할 수 있다.

한편, 자주성과 자립심이 약하여
타인에게 떠넘기고 환경에 의존하는 사람은
어려움에 빠지면 남을 탓하고 환경을 탓하며 화를 낸다.
또 일이 순조롭게 풀리면 그 성공에 집착한다.
이런 사람은 지극히 사소한 일에도 얽매여
옴짝달싹하지 못한다.

| 후집 94칙

물방울이 바위를 뚫듯이

새끼줄도 톱처럼 쓰면 나무를 자를 수 있고,
낙숫물도 한자리에 계속 떨어지면 바위를 뚫는다.
옳은 길을 가고자 한다면
이처럼 끈기 있게 노력을 이어 가야 한다.

또한 물이 모이면 개천을 이루고
참외가 익으면 저절로 꼭지가 떨어지듯이,
원하는 일을 이루고자 한다면
자연스럽게 길이 열릴 때를 참고 기다려야 한다.

| 후집 109칙

너무 한가해도 안 되고 바빠도 안 된다

사람이 지나치게 한가하면

쓸데없는 잡념이 머리를 스친다.

반대로 너무 바쁘면

자신을 돌아볼 여유가 없어 본모습을 잃는다.

몸도 마음도 적당히 고생이 필요하고,

그러면서도 여유를 즐길 줄 알아야 한다.

| 후집 117칙

지금 내 삶에서 덜어 내야 할 것

인생에서 무언가를 덜어 내면
그만큼 불필요한 근심에서 벗어날 수 있다.

인간관계를 줄이면 성가신 일에 덜 휘말리고,
말수를 줄이면 실수할 일이 줄어든다.
생각을 줄이면 정신적으로 소모되지 않고,
똑똑한 척하는 것을 줄이면
타고난 본성을 회복할 수 있다.

줄일 생각은 하지 않고 늘리려고만 하는 사람은
온갖 것에 자신을 옭아매 옴짝달싹하지 못한다.

| 후집 131칙

2부

마음가짐에 대하여

마음이 즐거워야 만사가 순조롭다

폭풍우가 몰아치는 날에는 새들도 두려움에 떨지만
맑고 온화한 날씨에는 풀과 나무도 기뻐한다.

자연에 따스한 기운이 필요하듯이
사람의 마음에도 즐거움이 없어서는 안 된다.

| 전집 6칙

내가 먼저 상대를 너그럽게 대한다

살아생전에 너그러운 마음으로 베풀고 살면
남들에게 불평불만을 살 일이 없다.

| 전집 12칙

즐김은 과하지 않게, 노력은 모자람 없이

이익을 보고 남보다 앞서 달려들지 않으며,
세상을 위하고 사람을 돕는 일에는
남보다 뒤처지지 않게 하라.

남에게 받아서 누리는 것은
분수를 지켜 선을 넘지 않아야 하며,
자신을 다스리고 단련하는 것은
모자람이 없도록 부단히 노력해야 한다.

| 전집 16칙

복을 끌어당기는 사람

따스한 봄에는 식물이 잎을 틔우고 무럭무럭 자라지만,
추운 겨울에는 이내 말라 버린다.

사람도 이와 같아서,
마음이 따뜻하고 기운이 온화한 사람은
복을 많이 받고 행복하게 살지만,
마음이 차갑고 쌀쌀맞은 사람은
오는 복이 적어서 행복도 박하다.

| 전집 72칙

어찌할 수 없는 일로 고민하지 마라

아직 결과가 나오지 않은 일의 행방에 대하여

이러니저러니 고민하기보다는

이미 궤도에 오른 일을 어떻게 진행할지 궁리한다.

과거의 실패를 곱씹으며 후회하기보다는

같은 실패를 반복하지 않을 방법을 모색한다.

| 전집 80칙

무엇을 물려 줄 것인가

지금 내가 누리는 행복이
앞선 세대의 노고에서 온 것이라면,
내 자식과 후손들이 누릴 행복은
지금 내가 일상에서 행하는 노력에 달려 있다.

나의 행동이 자자손손 영향을 미친다는 사실을
매일 가슴에 새기고 살아야 한다.

| 전집 94칙

재능보다 인성이 중요한 이유

인덕이 한 집안의 주인이라고 한다면
재능은 그 주인을 따르는 시종과 같다.

재능이 풍부해도 인덕이 갖춰져 있지 않으면
주인 없는 집에서 시종이 제멋대로 구는 것이나 다름없다.
그런 사람은 스스로 무너지기 마련이다.

| 전집 139칙

인격을 높이기 위한 조건

인격은 다른 사람을 포용할 줄 아는 도량에 달려 있고,
도량의 크기는 세상을 바라보는 식견에 달려 있다.

따라서 인격을 높이고자 한다면 도량을 키워야 하고,
도량을 키우기 위해서는 식견을 넓혀야 한다.

| 전집 145칙

사람이 죽고 시대가 바뀌어도
사라지지 않는 것

사업이나 학문으로 제아무리 큰 업적을 남겨도
사람이 죽으면 그걸로 끝이다.
그러나 그가 쌓아 올린 정신은
세월이 흘러도 면면히 이어지는 법이다.

명예나 재산은 시대에 따라 옮겨 가지만,
인간의 신념과 뜻은 후세에까지 길이 칭송된다.

그러니 지위나 명예, 재산이나 업적에 마음을 빼앗겨
자신의 신념과 뜻을 굽히는 어리석은 짓을 해서는 안 된다.

| 전집 148칙

배려와 친절이 온기를 만든다

한순간의 배려와 친절은
사람의 마음과 세상의 분위기를 온화하게 만든다.

한 조각 깨끗한 마음은
후세에까지 맑고 향기로운 이름을 전한다.

| 전집 180칙

너무 명확하게 선을 긋지 마라

세상을 잘 살아가려면
너무 결벽潔癖해서는 안 된다.
온갖 더럽고 때 묻은 것들도
받아들일 만한 도량이 있어야 한다.

인간관계에서도 좋고 싫음의 감정으로
너무 명확히 구분하는 것은 좋지 않다.
선한 사람과 악한 사람, 현명한 사람과 어리석은 사람을
두루 포용할 수 있어야 한다.

| 전집 188칙

꾸중 듣기를 기뻐하라

하찮은 사람에게는 차라리 미움받는 게 좋다.
그들의 마음에 들려고 알랑거리는 것보다 훨씬 낫다.

스승이나 선배에게는 혹독하게 꾸중 듣는 게 좋다.
방관하며 아무 말도 하지 않는 것보다 그편이 훨씬 낫다.

| 전집 192칙

집착할수록 기회를 잃는다

사업을 성공시키고 큰 업적을 이룬 사람은
대개 허심탄회하고 원만한 성격의 소유자다.

반대로, 사업에 실패하고 기회를 잃은 사람은
예외 없이 고집이 세고 집착하는 성격의 소유자다.

| 전집 197칙

근심도 기쁨도 영원하지 않다

생각대로 되지 않는다고 근심하지 말고,
생각처럼 되었다고 날 듯이 기뻐하지 말라.

지금의 행복이 앞으로도 이어지리라 생각해선 안 되며,
어떤 일을 시작할 때 어려움을 겪는다고 해서
금세 도망쳐서는 안 된다.

| 전집 202칙

인격이 높은 사람의 네 가지 태도

첫째, 곤경에 처해도 아무 일 아니라는 듯
태연함을 잃지 않는다.

둘째, 술자리에서도 흥에 취하지 않고
말과 행동을 조심한다.

셋째, 권력자 앞에서도 굽신거리지 않고
의연한 태도를 유지한다.

넷째, 어렵고 의지할 데 없는 사람을 만나면
연민과 위로의 마음으로 대한다.

| 전집 223칙

인생을 즐길 여유도 없이 바쁘게 산다면

세월은 본래 길지만
조급하게 사는 사람은 스스로 그것을 단축시킨다.
세상은 원래 넓은데
속이 좁은 사람은 스스로 그것을 좁게 만든다.

봄에는 꽃을 사랑하고, 여름에는 청량한 바람을 찾고,
가을에는 밝은 달을 보고, 겨울에는 설경을 즐길 수 있는데,
악착같이 사는 사람은 이를 누리지 못하고
홀로 분주하다.

| 후집 4칙

마음이 어지러울 때 일어나는 착각

마음이 어지러울 때는

활 그림자를 보고 뱀이라며 화들짝 놀라고,

풀숲에 놓인 바위를 보고 웅크린 호랑이로 오인한다.

눈앞의 모든 것이 자신을 공격할 것이라는 착각 때문이다.

마음이 평온할 때는

포악한 사람도 내 앞에서 얌전해지고,

시끄러운 개구리 울음소리도 아름다운 음악처럼 들린다.

결국 모든 것의 참된 모습을 파악할 수 있다.

| 후집 48칙

욕망에 휘둘릴 때는 속세를 멀리하라

욕망에 쉽게 사로잡힐 때는
섣불리 번잡한 속세에 발을 들여선 안 된다.
가능한 한 욕심나는 것을 가까이하지 않고
마음을 평온하게 유지하도록 노력한다.

욕망에 휘둘리지 않는 확고한 자신이 확립되면
그때 비로소 번잡한 속세에 발을 들여도 좋다.
무엇을 보더라도 마음이 흐트러지지 않도록
성숙하고 단단한 마음의 힘을 길러야 한다.

| 후집 104칙

쳇바퀴 같은 일상을 벗어나면 보이는 것들

높은 산에 오르면 마음이 넓어지고 여유가 생기며,
흐르는 강물을 보면 일상의 소란을 잊는다.

눈과 비가 내리는 밤에 책을 읽으면 정신이 맑아지고,
언덕 위에서 휘파람을 불면 기분이 상쾌하다.

때로는 속세를 잊고 마음을 씻어 내는 것도 좋다.

| 후집 113칙

3부

자기 통제에 대하여

의견은 드러내고 재능은 떠벌리지 않는다

현명한 사람은 누구를 대하든 공명정대하고
자신의 생각과 의견을 분명하게 밝힌다.

반면, 자신의 재능을 남 앞에서 자랑하거나
쉽게 드러내는 행동은 결코 하지 않는다.

| 전집 3칙

순조로운 때일수록 긴장을 늦추지 말라

일이 순조롭게 진행되어 무탈할 때일수록
긴장을 늦추지 말고 유사시에 대비해야 한다.

또한 무슨 일이 일어나서 바쁠 때는 오히려
여유를 갖고 대처하려는 태도를 지녀야 한다.

| 전집 8칙

잘나갈 때일수록 자신을 돌아보라

타인이 친절을 베풀거나 후한 대우를 해 줄 때
생각지 못한 해로운 일이 일어나기도 한다.
따라서 무슨 일이든 생각대로 되어 가는 때일수록
자신을 되돌아보고 마음을 다잡아야 한다.

때로는 실패나 좌절을 맛본 뒤에
그것을 계기로 삼아 성공하는 경우가 있다.
그러니 뜻대로 되지 않는 일이라도
곧바로 포기하듯 내던져서는 안 된다.

| 전집 10칙

헛된 욕망과 집착에서 벗어나라

큰 사업을 일으키거나 눈부신 업적을 남기지 않더라도
하잘것없는 욕망을 버릴 수 있다면
그것만으로 위인의 반열에 들 것이다.

공부를 많이 하여 학식이 높지 않더라도
물질에 대한 집착을 내려놓을 수 있다면
그것만으로 성인의 경지에 오를 것이다.

| 전집 14칙

자만하는 순간 무너진다

세상이 놀랄 만한 높은 공적을 세우고도
스스로 뽐내면 그 값어치를 잃는다.

천하에 널리 알려질 큰 잘못을 저질러도
마음 깊이 후회하고 반성하면 그 허물이 씻겨 내려간다.

| 전집 18칙

오만함은 객기일 뿐이다

자신을 뽐내며 타인을 얕잡아 보고 으스대는 것은
전부 객기에 지나지 않는다.
자만심을 버리고 겸허하게 자신을 직시할 때
비로소 진정한 실력에서 나오는 자신감이 생긴다.

욕망에 사로잡히고 이해득실을 따지는 것은
다 헛된 마음에 속한다.
이 헛된 마음을 지운 뒤에야
비로소 그 사람의 본래 마음이 나타난다.

| 전집 25칙

기대를 낮추는 것도 필요하다

공을 세우려고 아득바득 애쓰지 마라.
큰 잘못이나 실수를 안 하면 그게 곧 성공이다.

남에게 베풀고 나서 대가나 감사를 바라지 마라.
원망을 사지 않으면 그게 무엇보다 감사할 일이다.

| 전집 28칙

마음이 가난한 사람

사회적 지위도 있고 재산도 넉넉한 사람은
타인을 대할 때 너그럽고 후해야 함에도,
실제로는 의심이 많고 몰인정한 경우가 많다.
물질적으로는 풍족해도 마음이 가난하니
이래서는 행복한 인생을 살 수 없다.

총명한 사람일수록
그 재능이나 지식을 감추면 좋으련만,
도리어 자랑하고 과시하는 일이 흔하다.
이래서는 어리석은 자와 별반 다르지 않으니
결국 실패하지 않을 리 없다.

| 전집 31칙

아집과 독선을 경계하라

이익을 추구하는 것이 반드시 나쁜 것은 아니다.
그보다 나쁜 것은 나만 옳다고 고집을 부리며
타인의 의견을 귀담아듣지 않는 것이다.

육체적 쾌락을 즐기는 것이
꼭 자기 수양에 방해가 되지는 않는다.
그보다 해로운 것은
제대로 알지도 못하면서 아는 체하는 것이다.

| 전집 34칙

내 마음을 다스리는 것이 먼저다

자신을 괴롭히는 온갖 유혹을 없애려면
먼저 자기 마음과 싸워 이겨야 한다.

자신의 앞길을 간섭하고 가로막는 사람이 있다면
먼저 자기 마음을 다스려야 한다.

마음이 평온해지면 가히 방해자를 물리칠 수 있다.

| 전집 38칙

너무 친절하지도 야박하지도 않게

마음이 후한 사람은
자신을 소중히 여기는 만큼 타인에 대한 배려심도 깊어서
어디서든 지나치게 친절하다.

마음이 박한 사람은
자신은 물론 타인에게도 무관심하고 냉정해서
하는 일마다 메마르고 야박하다.

그러니 너무 후한 것도, 너무 박한 것도 좋지 않다.

| 전집 41칙

한번 유혹에 빠지면 걷잡을 수 없다

인격을 갈고닦으려면
나무나 돌 같은 단단한 마음을 지녀야 한다.
한번 부와 명예를 탐내고 그 유혹에 무릎을 꿇으면
휘몰아치듯 탐욕에 사로잡히고 말기 때문이다.

세상을 구하고 나라를 다스리고자 한다면
구름이나 물처럼 얽매이지 않는 마음을 가져야 한다.
한번 부귀영화에 집착하면 순식간에 욕망의 노예가 되어
소중한 뜻과 신념이 꺾여 버리기 때문이다.

| 전집 46칙

남에게 베푼 것은 잊고 받은 것은 기억하라

남에게 베푼 은혜는 잊어라.
그러나 남에게 잘못한 일을 잊어서는 안 된다.

남에게 받은 은혜는 잊지 마라.
그러나 남에게 품은 원망은 잊어야 한다.

| 전집 51칙

혼자서 호의호식하는 사람

사회적으로 높은 지위에 오르고

풍요로운 생활을 보장받았음에도

타인을 위해 어떤 좋은 말도 행동도 하지 않는다면,

그런 사람은 백 년을 살아도

단 하루도 제대로 살지 않은 것과 같다.

| 전집 60칙

조심도 지나치면 숨이 막힌다

배운 사람은 스스로 조심하고 신중해야 하지만,

한편으론 소탈한 멋도 지녀야 한다.

너무 엄격하게 자신을 통제하려고 하면

마음에 여유가 없을뿐더러 주위 사람도 숨이 막힌다.

| 전집 61칙

극단으로 치닫지 말라

뜻은 높아야 하지만
현실과 동떨어져선 안 되고,
사고는 주의 깊고 치밀해야 하나
자잘한 것에 사로잡혀서는 안 된다.

취향은 맑고 담백해야 하지만
무미건조해서는 안 되고,
신념은 엄격하게 지켜야 하지만
너무 완고해서도 안 된다.

| 전집 81칙

최악의 상황에서도 품위를 지킨다

초라한 집도 말끔하게 쓸고 닦고,
가난한 사람도 차림새를 정갈하게 하면
겉모양은 분명 화려하지 않아도 나름의 멋이 있다.

따라서 궁핍한 처지에 놓이거나 실의에 빠져도
자포자기해서는 안 된다.
품위만큼은 잃지 않도록 마음을 다잡아야 한다.

| 전집 84칙

사소한 흔들림도 가볍게 보지 않는다

불현듯 그릇된 욕심이 일어나는 것을 느끼면
이내 올바른 길로 되돌아가도록 자신을 단속한다.
가슴속에 일말의 주저함이 생긴다면
그 마음을 똑바로 보고 곧장 바로잡는다.

생각이 일어나면 바로 알아차리고,
알아차리면 바로 고치는 이런 자세를 지닌다면
작은 문제가 심각한 사태로 번지기 전에
일찌감치 재앙의 싹을 잘라 낼 수 있다.

결국 약간의 흔들림도 가벼이 여기지 않으면
전화위복과 기사회생의 기회를 잡을 수 있다.

| 전집 86칙

자기 본심을 알아차리는 법

조용한 곳에서 생각을 맑고 냉정하게 가다듬으면
마음의 참모습이 보인다.

한가로울 때 심기를 느긋하고 차분하게 하면
마음의 참된 이치를 알 수 있다.

담담한 가운데 그 어떤 것에도 사로잡히지 않고 평온하면
마음의 참된 맛을 얻게 된다.

자기 마음을 알아차리고 올바른 길을 깨닫는 데
이 세 가지 방법보다 나은 것이 없다.

| 전집 87칙

남의 말과 자기 힘을 너무 믿지 말라

한쪽 말만 곧이곧대로 믿다가
간사한 사람에게 속아 넘어가지 말고,
자기 힘을 너무 믿다가
자칫 실수를 저지르지 않도록 주의하라.

자신이 잘났다고 해서
타인의 단점을 떠벌려서는 안 되며,
자신이 서툴다고 해서
타인의 능력을 시기해서는 안 된다.

| 전집 120칙

남이 나를 속여도 모르는 체하라

상대가 나를 속이는 것을 알아도
짐짓 모르는 척하라.

상대가 나를 무시하거나 얕잡아 보더라도
얼굴색 하나 바꾸지 말고 태연하게 대하라.

이런 태도야말로 도리어 큰 효과를 얻는다.

| 전집 126칙

생각은 깊게 하되 의심이 깊어서는 안 된다

'남을 해쳐서는 안 되지만

남에게 해코지당하지는 않도록 경계하라.'

이는 사려 깊지 못한 사람을 깨우치는 말이다.

'차라리 남에게 속을지언정

남이 나를 속일 거라고 넘겨짚지 말라.'

이는 지나치게 앞을 내다보려는 사람을 훈계하는 말이다.

이 두 가지를 함께 가슴에 깊이 새기면

명쾌한 판단력과 원만한 인간관계를 얻을 수 있다.

| 전집 129칙

남 탓이라는 독

스스로 반성하는 사람은
모든 경험이 자신을 단련하는 약이 된다.
반면, 타인에게 책임을 전가하는 사람은
모든 생각이 자신을 해치는 독이 된다.

반성하고 배우는 사람은 성장하지만
남 탓만 하는 사람은 실패자가 되니,
두 사람의 인생에는 하늘과 땅만큼 차이가 생긴다.

| 전집 147칙

애쓰지 않고 평온해지는 법

물은 파도가 일지 않으면 본래 평온하고
거울은 먼지가 끼지 않으면 저절로 빛난다.

사람의 마음도 이와 같아서,
억지로 맑게 하지 않아도
탁한 것을 없애면 저절로 맑고 깨끗해진다.
또한 즐거움을 무리하여 찾지 않아도
괴로움을 없애면 자연히 즐거운 기분이 살아난다.

| 전집 151칙

검소함과 인색함은 다르다

'부지런함'이란 본래
옳은 일을 실천하는 데 힘을 쏟는 것인데,
그저 재산을 늘리려고 열심히 일한다는 뜻으로
착각하는 사람이 많다.

'검소함'이란 본래
재물과 이익에 담담한 것을 가리키는데,
자신의 인색함을 정당화하는 구실로
이용하는 사람이 많다.

인간성을 갈고닦는 도구가
도리어 사리사욕을 추구하는 방편이 되어 버렸으니
실로 매우 안타까운 일이다.

| 전집 166칙

기분이나 감정대로 행동하지 않는다

즉흥적인 기분이나 생각으로 일을 시작하면
처음부터 예상치 못한 일들이 발생하여
결국 오래 이어 갈 수 없다.

감정이나 직감으로 일의 옳고 그름을 논하면
이내 감정이 흔들리고 마음이 혼미해져서
일관된 신념을 지킬 수 없다.

| 전집 167칙

비범한 척, 고결한 척하는 사람

속된 것을 멀리하고 무심하게 사는 사람은 비범하다.
그러나 짐짓 비범한 척하는 사람은 그저 괴짜일 뿐이다.

세상의 나쁜 관습에 물들지 않는 사람은 고결하다.
그러나 세상을 등지고 고결한 척하는 사람은
단순히 비뚤어진 자에 지나지 않는다.

| 전집 169칙

타인의 평가에 일희일비하지 말라

내가 높은 지위에 있을 때 남들이 나를 떠받드는 것은
내가 입고 있는 호화로운 옷을 받드는 것이다.

내가 낮은 지위에 있을 때 남들이 나를 무시하는 것은
내가 걸치고 있는 남루한 옷을 무시하는 것이다.

결국 사람들은 내 인격이나 본질이 아니라
단순히 겉모습을 보고 판단할 뿐이니,
그들의 평가에 일희일비할 필요가 없다.

| 전집 172칙

보잘것없는 존재를 향한 연민

'쥐를 위해 밥을 남기고
나방을 가엾이 여겨 등불을 켜지 않는다.'
옛 사람들의 이 같은 배려심이야말로
사람이 살아가는 데 가장 중요한 미덕이다.
이런 따스한 마음이 없다면
인간이라도 흙이나 나무로 만든 인형과 다를 바 없다.

| 전집 173칙

진정 당당한 사람은 과시하지 않는다

자신의 공적이나 지식을 과시하는 사람은
외적인 가치에 기대어 살아가는 것이다.
이런 사람은 본래 타고난 밝은 마음을 잃지 않으면
어떠한 공적이나 지식 없이도
진정 당당한 사람이 될 수 있다는 사실을 모른다.
이는 인간으로서 아직 성숙하지 못하다는 증거다.

| 전집 183칙

내 뜻을 지키며 세상을 이롭게 하는 세 가지

내 마음을 어둡게 하지 않고,
남을 야박하게 대하지 않으며,
재물을 허투루 쓰지 않는다.

이 세 가지를 유념하면
자기 뜻을 확고하게 세우고
사람들의 생활을 안정시키며
자손을 위해 복을 지을 수 있다.

| 전집 185칙

비방보다 아첨이 더 위험하다

나를 모함하고 헐뜯는 사람은 신경 쓸 것 없다.
그런 사람은 햇빛을 가리는 조각구름과 같으니,
시간이 지나면 구름이 바람에 날려 흩어지듯
진실이 밝혀지고 오명을 벗을 수 있다.

그러나 아첨하고 야합하는 사람은 주의해야 한다.
그런 사람은 마치 틈새로 불어오는 바람과 같아서,
오래 맞으면 얼떨결에 감기에 걸리듯
나도 모르는 사이에 나를 망친다.

| 전집 195칙

겸손도 지나치면 비굴하다

검소함은 미덕이지만,
정도가 지나치면 쩨쩨하고 인색해져
결과적으로 올바른 도리에서 벗어난다.

겸양은 훌륭한 태도지만,
정도가 지나치면 비굴해져
무슨 꿍꿍이가 있는 사람인 양 오해받는다.

| 전집 201칙

부와 지혜를 어떻게 쓸 것인가

현명한 사람은 하늘이 내려 준 지혜로
어리석은 사람들을 깨우칠 책임이 있다.
그러나 그들 대다수는 자신의 지식과 재능을 과시하고
타인의 단점을 비판할 뿐이다.

유복한 사람은 하늘이 내려 준 부로
어려운 사람들을 도울 책임이 있다.
그러나 그들 대다수는 자신의 재산을 등에 업고
가난한 사람을 업신여기며 괴롭힌다.

천벌을 받을 일이 아닐 수 없다.

| 전집 218칙

입 밖으로 내뱉기 전에 잘 생각하라

입은 마음의 문門과 같다.

사람은 마음속에 있는 것을 입으로 내뱉기에,

입을 신중히 단속하지 않으면

굳이 말하지 않아도 되는 것, 비밀로 해야 할 것까지

죄다 새어나가고 만다.

의지는 마음의 발足과 같다.

사람은 무심결에 도리에 어긋난 행동을 하기에,

의지를 엄격히 지키지 않으면

옳지 못한 길로 내달리게 된다.

| 전집 220칙

한가할 때 정신을 단련하라

바쁠 때 초조해지거나 동요하지 않으려면
한가할 때 철저히 정신을 단련해야 한다.

죽음을 맞이하여 당혹스럽지 않으려면
살아 있을 때 사물의 이치를 깨달아야 한다.

| 후집 26칙

집착하면 즐거움도 괴로움으로 바뀐다

도시의 떠들썩함에서 벗어난 숲은
고즈넉하게 지내기 좋은 장소지만,
일단 집을 짓고 살림살이에 집착하게 되면
번잡한 도시에서 사는 것과 별반 다르지 않다.

글과 그림을 감상하는 것은 우아하고 고상한 취미지만,
일단 빠져들어 여기저기 다니며 작품을 사 모으게 되면
장사꾼과 조금도 다를 바 없다.

마음이 어떤 것에도 사로잡히지 않는다면
속세도 낙원이 되지만,
반대로 무언가에 집착하면
즐거움도 돌연 괴로움으로 바뀐다.

| 후집 37칙

바쁠 때는 냉정을, 힘들 때는 열정을 지녀라

아무리 바쁠 때도 냉정한 관점으로 바라보면
초조함과 불안을 덜 수 있다.

일이 잘 풀리지 않을 때도
자포자기하지 않고 열정을 지닌다면
재미와 보람을 찾을 수 있다.

| 후집 59칙

부질없는 일에 동요하지 않는다

명성을 얻어도 굴욕을 당해도 동요하지 않으면,
마치 정원에 꽃이 피고 지는 모습을 바라보듯 평온하다.

지위를 얻든 잃어버리든 개의치 않으면,
마치 구름이 바람에 몸을 맡기고 형태를 바꾸듯 자유롭다.

| 후집 70칙

욕하든 칭찬하든 내버려 둔다

인생의 쓴맛과 단맛을 다 맛본 사람은
세상일이나 사람 마음이 이리저리 바뀌어도
신경 쓰지 않으며, 눈 뜨고 보는 것조차 귀찮아진다.

인정人情의 냉혹함과 따스함을 다 겪어 본 사람은
남들이 자신을 욕하든 칭찬하든 내버려 두고,
그저 건성으로 고개만 끄덕일 뿐이다.

| 후집 81칙

사람을 피한다고 마음이 고요해질까

조용한 것을 좋아하고 시끄러운 것을 싫어하는 사람은
남들을 피함으로써 고요함을 얻고자 한다.

그러나 아무도 없음에 집착하면
곧 자기 생각에 사로잡히게 되고,
고요한 마음에 집착하면
그것이 곧 소란스러움의 원인이 된다.

피하고자 할수록 도리어 집착하게 되니,
이래서는 나와 남을 하나로 보고
움직임과 고요함을 모두 잊는 경지에 이르기 어렵다.

| 후집 105칙

욕망의 주인이 되라

달과 바람, 꽃과 나무가 없으면
자연의 조화가 이루어지지 않는 것처럼,
욕망과 좋고 싫음이 없다면
사람의 마음은 성립하지 않는다.

중요한 것은 오직 자신이 주인이 되어
사물을 움직이고 일을 진행하는 것이다.
그러면 욕망과 취향에 휘둘리지 않으면서도
즐기며 살아갈 수 있다.

| 후집 115칙

무엇이 더 나은 삶인가

산속에서 은둔 생활을 하는 사람은
비록 가난해도 사리사욕을 탐하지 않는 기품이 있고,
시골 농부는 거칠고 촌스러워도 순박한 마음을 지닌다.

도시에서 수단과 방법을 가리지 않고 자기 이익만 챙기는
영악한 장사치가 될 바에야
비록 산골에 파묻혀 죽을지언정
몸과 마음이 맑고 바른 것이 낫다.

| 후집 125칙

4부

인
간
관
계
에

대
하
여

물러서고 내어 주는 지혜

좁은 샛길에서는 한 걸음 물러서
다른 사람에게 길을 양보한다.
서로 앞서가려고 다투면 길은 더욱더 좁아질 뿐이다.

또한 맛있는 음식을 먹을 때는
먼저 다른 사람이 맛볼 수 있게 나누어 준다.

이것이 세상을 편하고 즐겁게 살아가는
하나의 비결이다.

| 전집 13칙

3할의 신의로 친구를 사귄다

친구 사이에 이해득실을 따져서는 안 되지만,
무조건 잘해 준다고 그 관계가 오래가지는 않는다.
친구와는 3할의 신의를 가지고 사귀는 것이 요령이다.

또한 이익이나 명예를 일절 좇지 않을 수는 없어도,
사람답게 살고자 한다면
한 조각 순수한 마음은 남겨 둬야 한다.

| 전집 15칙

한 걸음 양보함으로써 한 걸음 나아간다

세상을 살아가는 데 남에게 양보하는 마음가짐이
뛰어나다고 하는 이유는
타인에게 한 걸음 양보하는 것이 결과적으로
자신이 한 걸음 나아가는 길이기 때문이다.

인간관계에서 상대를 너그럽게 대하는 것이
복이 되는 이유는
타인을 이롭게 하여 좋은 관계를 맺는 것이
결과적으로 자신에게 이익을 가져오기 때문이다.

| 전집 17칙

명예와 공을 독차지하지 말라

명예와 공로를 홀로 차지해서는 안 된다.
자신을 돕고 지지해 준 사람들에게도 나눠 주어야
원망을 듣거나 질투를 사지 않는다.

실패와 오명을 전부 다른 사람에게 떠넘겨서도 안 된다.
일부라도 자신의 책임으로 받아들여야
인격을 갈고닦아 높일 수 있다.

| 전집 19칙

가족 간의 대화가 수행보다 낫다

가족 간에 화기애애한 분위기가 감돌고
웃는 얼굴과 부드러운 말투로 대화할 수 있다면
서로 마음이 잘 통하는 관계가 만들어진다.

이렇게 평안하고 따스한 가정을 이루는 것이
가부좌를 틀고 명상을 하는 것보다 심신에 만 배는 낫다.

| 전집 21칙

지나치게 꾸짖거나 강요하지 말라

잘못을 꾸짖을 때는
무턱대고 엄하게 한다고 좋은 것이 아니다.
상대가 그 말을 받아들일 수 있는지를 생각해야 한다.

사람을 가르칠 때도
목표를 높게 설정한다고 좋은 것이 아니다.
그가 따라올 수 있는 수준인지를 고려해야 한다.

| 전집 23칙

예의를 갖추되 비굴해지지 않는다

하찮은 사람에게 그의 단점을 운운하며
엄격하게 대하기는 쉽지만
미워하지 않기란 어렵다.

훌륭한 사람에게 그의 장점을 존경하며
겸손하게 대하기는 쉽지만
비굴해지지 않으면서 예의를 다하기는 어렵다.

| 전집 36칙

계산하지 말고 베풀어라

남에게 무언가를 베풀 때,
속으로 자신이 한 일을 의식하지 않고
밖으로 감사나 대가를 바라지 않으면
작은 베풂도 막대한 가치가 있다.

그러나 남에게 무언가를 베풂으로써
자신의 이익을 꾀하거나 보답을 기대한다면
큰돈을 쓰고도 한 푼의 가치조차 낳지 못한다.

| 전집 52칙

조급하거나 인색하거나 옹졸하거나

성질이 급하고 거친 사람은 타오르는 불과 같아서
만나는 사람마다 겁에 질리게 만든다.

인정머리가 없는 사람은 차가운 얼음장 같아서
주위 사람을 오싹하게 만든다.

또한 앞뒤가 막히고 고집이 센 사람은
고인 물이나 썩은 나무처럼 주변의 활력을 앗아간다.

이런 사람들은 성공도 행복도 손에 넣기 어렵다.

| 전집 69칙

가족에게는 부드럽게 타일러야 탈이 없다

가족이 잘못을 저질렀을 때는
감정적으로 강하게 화를 내는 것도,
잠자코 못 본 척하는 것도 좋지 않다.

대놓고 말하기 어려운 일이라면
돌려 말하거나 다른 일에 빗대어 은근히 타이르고,
그럼에도 즉시 잘못을 깨닫지 못한다면
다른 날 다시 일러 주어야 한다.

마치 봄바람이 언 땅을 녹이듯이,
상대가 자연스럽게 자기 잘못을 깨우치도록
부드럽게 말하는 것이 원만한 가정을 일구는 비결이다.

| 전집 96칙

신념을 지키되 날카롭게 드러내진 말라

욕심이 없고 깨끗한 사람은
호사스럽고 욕심 많은 사람에게 의심받기 마련이고,
신중하고 엄격한 사람은
제멋대로 행동하는 사람에게 미움을 사기 마련이다.

미움받는다고 해서 자기 신념을 굽혀서는 안 되지만,
그렇다고 무리하게 밀어붙여서도 안 된다.

| 전집 98칙

원만한 인간관계를 위해 유념할 세 가지

첫째, 남의 사소한 잘못을 나무라지 않는다.
둘째, 남의 숨기고 싶은 비밀을 들추어내지 않는다.
셋째, 남이 과거에 저지른 잘못을 마음에 담아 두지 않는다.

이 세 가지를 염두에 두고 관계를 맺으면
자신의 인격을 갈고닦게 될 뿐 아니라
남에게 원망을 들을 일도 없다.

| 전집 105칙

잘해 주고 고마워하길 기대하지 않는다

선의로 타인에게 한 행동이 오히려 원망을 사기도 한다.
따라서 내가 한 일에 대한 감사 같은 것은 기대하지 말고
그냥 잊는 편이 낫다.

| 전집 108칙

새 친구를 사귀기보다 옛 친구를 소중히 하라

인생을 멀리 내다보는 사람은 이렇게 행동한다.

첫째, 사적으로 도움을 베풀고 공치사를 늘어놓기보다
매사에 공정하고 공평한 태도로 일관한다.

둘째, 새 친구를 사귀기보다
옛 친구와의 우정을 소중히 여긴다.

셋째, 명성이나 평판을 좇기보다
남이 알아주지 않더라도
묵묵히 선행을 베푼다.

넷째, 멋진 행동을 하려고 애쓰기보다
평소 행동을 신중히 한다.

| 전집 110칙

친구의 잘못에 망설임 없이 충고하라

부모 형제가 갑작스러운 사고를 당했을 때는
감정이 격해져서 평정심을 잃지 말고
가능한 한 차분하게 대응해야 한다.

친구나 동료가 잘못을 저질렀을 때는
잠자코 지나치기보다는
적절한 충고를 건네야 한다.

| 전집 113칙

돕는 것도 상대에 맞게 해야 한다

거금을 주고도 고맙다는 말 한마디 못 듣는가 하면,
밥 한 끼 대접했을 뿐인데 평생 은인이 되기도 한다.

배려도 도가 지나치면 도리어 반감을 사고,
모질게 대해도 때로는 그것을 고마워한다.

결국 상대의 처지와 입장을 생각하지 않으면
은혜도 원망이 되어 버린다.

| 전집 115칙

타인의 약점을 들추지 마라

타인의 단점이나 약점을 발견하더라도
도드라지지 않게 덮어 주는 것이 좋다.
대놓고 들추어 내면
자신의 단점으로 상대의 단점을 공격하는 셈이다.

완고한 사람을 만나면 인내심을 갖고
부드럽게 설득하는 것이 좋다.
화내고 미워한다면
자신의 완고함으로 상대의 완고함을 고치려는 꼴이다.

| 전집 121칙

아무한테나 속마음을 보이지 마라

말수가 적고 좀처럼 속마음을 내보이지 않는 사람에게
내 본심을 밝혀서는 안 된다.

또한 쉽게 발끈하고 잘난 척하는 사람과는
말을 섞지 않는 것이 좋다.

| 전집 122칙

섣불리 칭찬하거나 험담하지 않는다

상대가 아무리 좋은 사람이라도
정말로 친해지기 전까지는 섣불리 칭찬하지 않는다.
둘 사이를 부러워하여
이간질하는 사람이 나타날 수 있기 때문이다.

상대가 비록 나쁜 사람이라도
쉽게 관계를 끊을 수 없다면 무심코라도 험담하지 않는다.
험담이 곧 상대의 귀에 들어가
화가 닥칠지도 모르기 때문이다.

| 전집 131칙

가족 간에 생색내지 않는다

부모는 자식을 사랑으로 키우고, 자식은 부모에게 효도하며,
형은 동생을 아끼고, 동생은 형을 존경한다.
이는 가족 간에 지극히 당연한 일이니
털끝만큼도 생색낼 것이 없다.

만일 한쪽이 베풀었다고 생색내거나
다른 한쪽이 갚아야 한다고 느낀다면,
이는 이해득실을 따지는 남과 다를 바 없다.

| 전집 133칙

아름다움을 자랑하면 추함이 따라온다

아름다움과 추함은 동전의 양면과 같아서,
스스로 아름다움을 자랑하지 않으면
누구도 나를 추하다고 무시하지 않는다.

깨끗한 것과 더러운 것은 늘 짝을 이루니,
스스로 깨끗하다고 과시하지 않으면
누구도 나를 더럽다고 비난하지 않는다.

| 전집 134칙

변덕과 질투에 일일이 반응하지 마라

사람을 대하는 태도가 친절했다가 냉랭했다가
수시로 바뀌는 것은 가난한 자보다 부자에게 더 흔하다.
또한 질투하고 시기하는 마음은
생판 남보다 가까운 사람이 더 심하다.

주위 사람의 이런 태도에 일일이 반응하지 마라.
냉정한 마음으로 차분하게 대처하지 않으면
단 하루도 마음 편할 날이 없을 것이다.

| 전집 135칙

상벌은 분명하게 하라

잘한 일은 보상하고, 잘못한 일은 벌하여
공로와 과실을 명확히 해야 한다.
어떻게 해도 평가가 달라지지 않거나 애매하면
사람들은 의욕을 잃고 나태해진다.

또한 평가 기준은 늘 공정해야지,
개인적인 감정이 섞이면 신뢰를 잃고
아무도 따르지 않는다.

| 전집 136칙

적이 도망갈 길을 남겨 두라

악당이나 적을 제거할 때는
그들이 도망갈 길을 한 가닥 남겨 둬야 한다.
만일 도주로가 막힌 상태에서 궁지에 몰리면
적은 반드시 필사의 각오로 반격해 올 것이다.
온몸으로 공격해 오는 자는 강하므로
틀림없이 이쪽에도 희생이 발생한다.

| 전집 140칙

말 한마디로 사람을 구한다

생활에 여유가 없어 돈이나 물건으로 도울 수 없더라도
말로 사람을 구할 수 있다.
고민하는 사람이나 곤란에 처한 사람에게
현명하고 친절한 말 한마디를 건네는 것만으로
그들을 고민과 고통에서 건질 수 있으니,
이 또한 큰 선행이다.

| 전집 142칙

진실성을 갖고 원만하게 대하라

사람 됨됨이에 성실하고 진실된 면이 없으면
무슨 일은 하든 신용을 얻지 못한다.

세상살이에 원만함과 융통성을 발휘하지 못하면
사소한 일로 타인과 부딪쳐 일이 뜻대로 되지 않는다.

| 전집 150칙

느긋하게 기다리면
저절로 이루어질 때가 있다

서둘러 상황을 파악하려고 하면 명확하지 않던 일이
느긋하게 기다리다 보면 저절로 분명해지는 때가 있으니,
조급하게 서둘러서 일을 그르치지 말라.

사람을 부릴 때도
무리하게 독촉한들 오히려 반감을 살 뿐이지만
자유롭게 맡기고 내버려 두면 스스로 따르는 경우가 있다.
괜히 귀가 따갑도록 말해서 고집불통을 만들지 말라.

| 전집 153칙

스스로 진실한 사람은 타인을 신뢰한다

타인을 믿는 사람은 반드시 남들이 성실해서가 아니라
자기 자신이 성실하기 때문이다.

타인을 의심하는 사람은 남이 자신을 속여서가 아니라
자기가 먼저 남을 속이기 때문이다.

| 전집 162칙

일과 관계에서 놓치기 쉬운 세 가지

첫째, 옛 친구를 만날 때는 마음가짐을 더욱 새롭게 한다.

둘째, 은밀한 일을 다룰 때는 더욱 분명한 태도를 취한다.

셋째, 약자에게는 더욱 예의와 배려를 갖춰 따뜻하게 대한다.

| 전집 165칙

타인에게 관대하고 자신에게 엄격하라

타인의 잘못은 관대하게 용서하되,
자신의 잘못은 엄격한 눈으로 살펴야 한다.

자신의 아픔은 참고 견뎌야 하지만,
타인의 아픔은 그냥 지나쳐서는 안 된다.

| 전집 168칙

처음부터 너무 잘해 주지 마라

남에게 무언가를 해 줄 때는
작게 시작하여 점차 후해지는 것이 좋다.
처음에 후했하다 나중에 줄어들면,
사람들은 앞서 받은 것을 까맣게 잊고
불만을 가지기 때문이다.

남 앞에 위엄을 보일 때도
처음에 엄하게 했다가 서서히 너그러워지는 것이 좋다.
먼저 느슨했다가 나중에 엄해지면,
사람들은 부당한 대우를 받는다며
원망을 품기 때문이다.

| 전집 170칙

지위가 높을수록 신경 써야 할 네 가지

힘 있고 높은 지위에 있는 사람일수록
아래 네 가지에 주의를 기울여야 한다.

첫째, 몸가짐과 태도를 공정하고 분명하게 한다.
둘째, 온화한 마음을 유지하고 웃는 얼굴로 사람을 대한다.
셋째, 권력과 이익에만 집착하는 사람을 가까이 두지 않는다.
넷째, 과격한 행동으로 시답지 않은 자들의 원망을 사지 않는다.

| 전집 177칙

불의한 사람을 대하는 법

거짓말하고 속이는 사람을 만나면

진실한 마음으로 감동시키고,

난폭한 사람을 만나면 온화한 태도로 감화하며,

부정을 일삼고 사리사욕만 아는 사람을 만나면

인간으로서 올바른 도리를 일깨워 준다.

| 전집 179칙

관직과 가정생활에 필요한 덕목

관직에 있는 사람이 명심할 두 가지가 있으니,

첫째, 공평하면 바른 판단을 할 수 있다.
둘째, 청렴하면 위엄이 선다.

가정생활에 필요한 두 가지가 있으니,

첫째, 배려심으로 대하면 모두의 마음이 평온해진다.
둘째, 검소하게 살면 살림에 여유가 생긴다.

| 전집 186칙

풍족한 때일수록
없이 사는 괴로움을 생각하라

사회적 지위와 금전적 풍족을 누리는 때일수록
지위도 재산도 없는 가난한 사람의 고통을 알아야 한다.

젊고 활력이 넘치는 때일수록
늙고 쇠약한 사람의 괴로움을 생각해야 한다.

| 전집 187칙

소신을 지키되 남과 어울릴 줄도 알아야 한다

세상을 살면서 세태에 영합하려고만 해선 안 되지만,

그렇다고 세상과 담을 쌓고

혼자서만 고고한 것도 바람직하지 않다.

남들과 함께 일하면서 그들로부터 미움받아도 안 되지만,

그렇다고 남들 비위만 맞춰서도 안 된다.

| 전집 198칙

남의 허물은 작게, 내 허물은 크게 보라

다른 사람의 잘못이나 허물을 이야기할 때는
나쁜 점만 꾸짖는 게 아니라
좋은 점도 함께 평가해야 한다.
그러면 상대가 불쾌해하지 않으면서
내 말을 귀담아 듣게 된다.

반면에 자신의 잘못이나 허물을 반성할 때는
잘한 일 가운데서도 잘못한 부분은 없는지
구태여 찾아내는 엄격한 태도가 필요하다.
그렇게 하면 인격도 한 단계 높아진다.

| 전집 221칙

5부

세상을 보는 관점에 대하여

고요한 가운데 자신의 마음과 마주하라

깊은 밤, 모두가 잠자리에 들어 고요한 때
자신의 마음과 마주하라.
그러면 수많은 번뇌가 사라지고 깨끗한 진짜 마음이 보인다.
참된 마음은 느긋하고 자유롭다.

하지만 참된 마음이 나타나도
번뇌에서 완전히 벗어날 수 없다는 사실을 깨닫는다면,
그때 비로소 진정으로 자신을 반성할 수 있다.

| 전집 9칙

남도 나와 같다는 것을 생각하라

사람이 처한 상황은 각양각색이라
많이 가진 자도 있고 못 가진 자도 있는 법인데,
어떻게 나만 반드시 가지기를 바라는가.

내 마음속에도 도리에 맞는 것과 어긋난 것이 있는데,
어떻게 남들은 다 도리에 맞기를 기대하는가.

이처럼 자신과 타인의 처지를 견주어 생각하는 것도
세상을 살아가는 하나의 좋은 방법이다.

| 전집 53칙

돈도 명예도 허상이다

지금 우리가 사는 이 현실은 덧없는 환영이다.
인간이 좇는 명예나 업적, 재산은 물론
육체조차도 잠시 빌려 쓰는 허상임을 자각하라.

그러면 눈앞의 돈벌이나 공명功名에 급급하지 않고
평온한 마음으로 살아갈 수 있다.

| 전집 103칙

알면서도 잘못을 저지르기를 반복한다면

분노가 불길처럼 타오를 때,
욕망이 파도처럼 들끓을 때,
머리로는 '안 된다'는 것을 알면서도
해서는 안 될 말을 불쑥 내뱉거나
해서는 안 될 행동을 하게 된다.

이때 아는 것은 누구이며,
알면서도 저지르고야 마는 것은 누구인가?

여기서 재빨리 알아차리고 멈출 수 있다면
사념은 곧 양심으로 바뀐다.

| 전집 119칙

주관을 갖고 타인의 의견을 경청하라

많은 사람이 의심한다고 하여
자신의 의견을 쉽게 굽혀서는 안 되고,
자신의 주장만이 옳다며
타인의 의견을 배척해서도 안 된다.

편파적으로 행동하여 원칙을 손상시키지 말고,
여론을 이용하여 개인적인 감정을 풀지 말라.

| 전집 130칙

생각대로 되지 않는 것이 세상이다

물고기를 잡으려고 그물을 던졌는데
뜻밖에 큰 기러기가 걸릴 때가 있다.
또한 먹잇감을 노리는 사마귀를
그 뒤에서 참새가 노릴 때도 있다.

이처럼 계략 속에 계략이 숨어 있고,
뜻하지 않은 일로 가득한 것이 세상이다.
그러니 사람의 얕은 지혜나 계략 따위를
어찌 믿을 수 있겠는가.

| 전집 149칙

남의 말을 덥석 믿지 말고 스스로 확인하라

타인에 대한 나쁜 평판을 듣더라도
곧바로 그 사람을 나쁘다고 단정해선 안 된다.
그 사람을 함정에 빠뜨리기 위한 책략은 아닌지
직접 확인한 후 판단하라.

마찬가지로 타인에 대한 좋은 평판을 듣더라도
그것을 곧이곧대로 믿고 친하게 지내서는 안 된다.
간사한 사람이 자신을 잘 보이려고 꾸민 것은 아닌지
직접 알아보고 판단하라.

| 전집 208칙

어중간한 사람과는 함께 일하기 어렵다

세상만사에 정통한 사람은 어떤 걱정도 근심도 없다.
한편 어리석은 사람은 애초에 아는 것이 없고 생각도 없다.
따라서 이런 사람들과는 함께 배우거나 일을 도모할 수 있다.

오히려 성가신 것은 어중간한 지식을 가진 사람이다.
그들은 섣부른 지식이나 재주에 얽매여
편견 없이 배우거나 생각하지 못하며, 억측과 시기도 많다.
따라서 이런 사람과 협력하여 일을 이루기는 어렵다.

| 전집 219칙

형상에 담긴 정신을 이해하라

사람은 문자로 쓰인 책은 읽고 이해할 수 있어도
문자로 쓰이지 않은 책, 즉 삼라만상의 진리는
읽어 내지 못한다.

사람은 현이 있는 거문고는 튕길 수 있어도
현이 없는 거문고, 즉 자연의 음악은 연주하지 못한다.

눈에 보이는 형상에 사로잡혀
그 안에 담긴 정신을 이해하고 다룰 줄 모른다면
사물의 본질에 다가갈 수 없다.

| 후집 8칙

티끌과 거품처럼 덧없는 것이 인생

산천과 대지도 언젠가 티끌로 부서지는데
하물며 티끌 속의 티끌에 불과한 인간은 어떻겠는가.

피와 살로 된 인간의 육체조차 물거품처럼 사라지는데
거품의 거품과도 같은 명예나 지위, 재산은 어떻겠는가.

그러나 이는 상당한 지혜가 아니고서는
도저히 깨닫기 어렵다.

| 후집 12칙

열정이 가라앉고 난 뒤

냉정해진 뒤에 열광했던 당시의 일을 돌이켜보면
한때 열정에 휘둘려 행동한 것이 부질없음을 깨닫는다.

바쁜 상황이 일단락되고 한가로운 시간을 갖게 되면
비로소 여유롭고 평온한 삶이 얼마나 좋은지 실감한다.

| 후집 16칙

길고 짧은 것은 생각하기 나름이다

시간이 길고 짧은 것은 생각하기에 달렸고,
세상이 넓고 좁은 것은 마음 먹기에 달렸다.

생각이 느긋한 사람은
하루도 천 년처럼 길게 느끼고,
마음이 넉넉한 사람은
좁은 방도 하늘과 땅만큼 넓게 여긴다.

| 후집 19칙

깨달음은 삶 속에 있다

속세를 벗어나는 길은

곧 속세를 살아가는 가운데 있으니

굳이 사람과 인연을 끊고 은둔할 필요가 없다.

마음을 깨닫는 길은

곧 마음을 다하는 가운데 있으니

반드시 모든 욕망을 끊고 무미건조하게 살 필요도 없다.

| 후집 41칙

입장을 바꾸면 달리 보인다

노인이 된 심정으로 청년을 바라보면
경쟁하듯 바쁘게 달리는 마음을 지울 수 있고,
몰락한 입장에서 영화로운 생활을 바라보면
화려한 외형만 좇는 마음을 끊어 낼 수 있다.

| 후집 57칙

안달복달할 필요 없다

성공이 있으면 반드시 실패가 있다는 것을 알면
무슨 일이 있더라도 성공하겠다는 마음이 옅어진다.

생명이 있는 것은 반드시 죽기 마련이라는 사실을 알면
오래 살려고 발버둥 칠 필요가 없다.

| 후집 62칙

속세에 살면서 속세를 초탈하라

불교에서 말하는 진정한 '공空'이란
아무것도 없는 '무無'를 의미하지 않는다.
현상에 집착하는 것도 옳지 않고,
현상을 무시하는 것도 옳지 않다.

그렇다면 부처는 어떻게 말씀하셨는가.
'속세에 있으면서도 속세를 벗어나야 하니
욕망에 사로잡히는 것도 고통이요,
욕망을 끊어 내는 것도 고통이다.'
결국 각자가 수행하기 나름이다.

| 후집 78칙

변화를 겪어야만 참모습이 나온다

광석을 정련해서 황금을 얻고
원석을 가공해서 보석을 만드는 것처럼,
변화를 거치지 않으면 진리를 구할 수 없다.

술잔을 기울이며 이야기하는 가운데 깨닫는 것이 있듯이
고매한 경지도 속된 세상 가운데서 얻어진다.

| 후집 85칙

만물의 본질은 같으니

세상에 존재하는 모든 사물과
인간관계에서 느끼는 온갖 감정,
사회에서 벌어지는 수많은 일은
평범한 사람의 눈으로 보면 제각기 다르다.
그러나 세상의 이치를 깨달은 사람에게는
모든 것이 똑같아 보인다.

만물은 본질적으로 같으니
번거롭게 구별할 것도, 취하거나 버릴 것도 없다.

| 후집 86칙

근심을 버리면 부러울 것이 없다

좁고 옹색한 방에서 지내더라도
집착하는 마음이나 근심 따위를 일체 버리면,
호화로운 집에 살며 아름다운 지붕에 걸린 구름을
바라보는 것이 부럽지가 않다.

석 잔 술을 마신 뒤 세상의 진리를 스스로 깨달으면,
달빛 아래서 거문고를 타고
산들바람에 피리를 부는 것만으로
인생의 즐거움을 누릴 수 있다.

| 후집 89칙

삶 이전과 죽음 이후를 생각하라

자신이 태어나기 전에 어떤 모습이었을지,
또 죽은 뒤에는 어떤 모습이 될지 생각해 보라.
그러면 모든 집착과 잡념이 재처럼 싸늘하게 식고
남는 것은 오직 자기 본연의 정신뿐.
세속을 벗어난 무심의 경지를 노닐 수 있으리라.

| 후집 97칙

상황에 매몰되지 말고 한 발짝 떨어져서 보라

바다에 높은 파도가 거칠게 몰아쳐도
배 안에 있는 사람은 그 두려움을 미처 알아차리지 못하고,
오히려 뭍에서 바라보는 사람이 두려워 몸을 떤다.

술 취한 사람이 식당에서 불같이 화내도
같은 자리에 있는 사람들은 의외로 신경쓰지 않는데,
멀찍이서 그 모습을 바라보는 사람은 불쾌감을 느낀다.

따라서 어떤 상황에 놓여 있더라도
마음은 거기서 빠져나와 객관적 판단을 할 수 있어야 한다.

| 후집 130칙

일상생활에 대하여

매사에 약간의 여유를 둔다

매사에 완벽하기보다 약간의 여유를 남겨 두어야 한다.

능력을 발휘할 때도, 이익을 추구할 때도

'다소 부족한' 정도가 안성맞춤이다.

그러면 안팎으로 근심을 불러들일 일이 없다.

| 전집 20칙

조용하면서도 생기가 넘치는 사람

너무 활동적인 사람은 구름 사이로 번쩍이는 번개나
바람에 흔들리는 등불처럼 안정감이 부족하다.
그렇다고 고요함만 즐기는 사람은
불 꺼진 재나 고목처럼 생기를 잃는다.

멈춰 있는 구름 사이에 새가 날고
조용한 물속에서 물고기가 헤엄치듯이
'정靜'과 '동動'이 함께 어우러지는 것이 가장 바람직하다.

| 전집 22칙

후회할 일인지 미리 생각하고 행동하라

배부른 뒤에는 음식 맛의 미묘한 차이를 느낄 수 없고
잠자리를 갖고 난 뒤에는 성욕이 생기지 않는다.

따라서 어떤 일이 끝난 뒤 후회할 것인지를
깊이 헤아려 결정한다면
행동에 실수나 잘못이 없을 것이다.

| 전집 26칙

어느 쪽이든 지나치면 득이 되지 않는다

앞일을 걱정하며 열심히 하는 것 자체는 훌륭한 일이다.
그러나 정도를 넘어 지나치게 힘을 쏟으면
즐거움이 사라진다.

너무 아득바득하기보다 그저 담담하게 사는 것도 멋지다.
그러나 이것도 정도가 지나쳐 너무 무심해지면
남을 돕고 세상을 이롭게 할 수 없다.

| 전집 29칙

초심으로 돌아가라

일을 하다가 돌연 길이 막혀 막막할 때는
먼저 초심으로 돌아가서 생각해야 한다.

한편 일이 잘 풀려 승승장구할 때는
그 끝을 미리 살펴야 한다.

| 전집 30칙

한번 유혹에 빠지면 돌이키기 어렵다

욕망에 관계된 일은

비록 가벼이 즐길 수 있는 것일지라도

안이하게 손대서는 안 된다.

일단 한번 맛을 알아 버리면

그것에 빠져서 도저히 멈출 수가 없기 때문이다.

사람으로서 올바른 행동을 할 때는

제아무리 어려운 일이라고 해도

결코 꽁무니를 빼서는 안 된다.

한번 거기서 도망치면

점차 도리에서 벗어난 방식으로 살 수밖에 없기 때문이다.

| 전집 40칙

결코 남이 시키는 대로 하지 마라

상대가 돈이나 물질을 미끼로 설득해도
그것이 자신의 뜻에 반한다면 결코 따라서는 안 된다.
상대가 지위나 권력을 앞세워 굴복시키려 해도
사람으로서 지켜야 할 올바른 길로 나아가라.

사람이 힘을 모으면 운명도 이겨내고,
뜻을 하나로 모으면 기운도 변화시킨다.

이처럼 강한 신념과 의지를 지녔다면
하늘도 당신을 도울 것이니
두려울 것이 아무것도 없다.

| 전집 42칙

남들처럼 하면 남들보다 뛰어날 수 없다

자신을 발전시키고자 한다면
남보다 한 걸음 높은 목표를 세우고 정진하라.
그렇지 않으면 먼지구덩이 속에서 옷을 털고
진흙탕 속에서 발을 씻는 것처럼
너나 나나 비슷한 수준에 머물러
성장을 기대할 수 없다.

또한 세상을 살아갈 때는
남에게 한 걸음 양보하고 조금 뒤처져 따르는 것이 좋다.
오로지 돌진만 하면 불꽃에 날아드는 나방이나
울타리에 뿔이 걸린 양처럼 궁지에 몰려
마음이 편안할 수 없다.

| 전집 43칙

한 가지 목표에 집중하라

배우는 사람은 정신을 가다듬어
한 곳에 집중해야 한다.

덕을 닦는다고 하면서
한편으로 공적이나 명예에 마음을 빼앗기면
인격의 향상 따위는 기대할 수 없다.

또한 책을 읽고 공부한다면서
거기서 얻은 지식이나 교양을
놀이나 즐거움을 위해서만 쓴다면
배움이 자신의 피와 살이 될 리 만무하다.

| 전집 44칙

보는 눈이 없어도 경계하라

간이 병들면 눈이 보이지 않고,
신장이 병들면 귀가 들리지 않는다.
이처럼 병이란 것은 눈에 띄지 않는 몸속에서 발생하여
이윽고 눈에 띄는 증상으로 표출된다.

마찬가지로 아무도 보지 않는다고 하여
사람으로서 도리에 어긋난 언행을 하면
이윽고 그것이 겉으로 드러나 비판받게 마련이다.

그러니 남들 눈에 띄지 않는 곳에서부터
잘못을 저지르지 않도록 경계하라.

| 전집 48칙

껍데기가 아닌 본질을 생각하라

책을 읽어도 그 뜻을 가슴으로 이해하지 못한다면
문자의 노예가 될 따름이다.

관직에 올라 민중을 아끼고 그들을 위해 일하지 않는다면
그저 월급 도둑에 불과하다.

학문을 가르치는 사람이
이론만 앞세우고 행동이 뒤따르지 않는다면
혀끝에 머무는 지식에 지나지 않는다.

사업을 일으켜 이익만 좇고
세상과 남들을 위하는 일을 생각하지 않는다면
머지않아 도태되고 만다.

| 전집 56칙

자기과시는 미숙함의 표시일 뿐

진정 청렴결백한 사람은

청렴하다는 소문조차 나지 않는다.

그 같은 소문이 나는 것은

스스로 청렴을 앞세우는 자기 과시욕이 강한 자다.

정말로 재주가 뛰어난 사람은

그것을 자랑스레 내보이려는 행동을 하지 않는다.

재주를 남 앞에서 과시하는 것은

여전히 미숙한 자다.

| 전집 62칙

현명한 사람이 말을 아끼는 이유

열 마디 말 중에 아홉 마디가 옳아도
반드시 명석하다는 칭찬을 기대할 수는 없지만,
단 한 마디만 잘못해도 사방에서 비난이 쏟아진다.

열 가지 전략을 세우고 전부 성공해도
반드시 그 공을 인정받으리란 보장은 없지만,
단 한 번이라도 실패하면 헐뜯는 소리가 빗발친다.

따라서 현명한 사람은 침묵할지언정 떠들지 않으며
서툰 척할지언정 재주를 부리지 않는다.

| 전집 71칙

한가하다고 시간을 헛되이 보내지 말라

한가할 때 시간을 헛되이 보내지 않으면
바빠졌을 때 큰 힘이 된다.

휴식을 취할 때 무언가 배우고 준비해 두면
일이 생겼을 때 쓸모가 있다.

눈에 띄지 않는 데서도 올바르게 행동하면
사람들 앞에 나섰을 때 도움이 된다.

| 전집 85칙

권력만 탐내면 벼슬 있는 거지가 된다

높은 지위나 권력을 가진 사람이라도
그 권세에 안주하고 생색만 낸다면
벼슬 있는 거지와 다를 바 없다.

평범한 사람이라도
기꺼이 남을 위해 애쓰고 선의를 베푼다면
아무것도 안 하는 벼슬아치보다 훌륭하다.

| 전집 93칙

군자가 위선을 떨면 소인배와 다를 바 없다

인격자로 일컬어지는 사람이 위선을 떨면
개차반이라 불리는 자가 제멋대로 악행을 저지르는 것과
다를 바 없다.

개차반이라도 스스로 뉘우치고 새 삶을 산다면
인격자가 지조를 잃고 신념을 바꾸는 것보다 훨씬 낫다.

| 전집 95칙

즐거운 일도 적당히 하라

맛있는 음식도 과식하면 배탈이 나서 몸을 망친다.
적당히 먹으면 건강을 해칠 일이 없다.

놀이나 즐거움도 지나치게 몰두하면
몸이 망가지고 마음이 흐트러진다.
적당히 하면 후회할 일이 없다.

| 전집 104칙

너무 가볍지도 무겁지도 않게

사람은 몸가짐이 가벼워서는 안 된다.

가벼우면 주위에 휘둘려 침착함과 차분함을 잃기 때문이다.

한편 마음가짐은 너무 무거워서는 안 된다.

무거우면 유연한 발상과 생기가 사라지기 때문이다.

| 전집 106칙

인생은 순식간에 흘러간다

천지는 영원하나 사람의 인생은 단 한 번뿐이다.
일생이 긴 듯 보여도 고작 백 년으로
하루하루가 순식간에 흘러가 버린다.

운 좋게 이 세상에 태어난 이상
인생을 마음껏 즐기면서도
헛되이 보내지 않도록 항상 유념하라.

| 전집 107칙

한 번 잘못하고 평생 후회할 일

공정한 평가와 올바른 논의에 사사롭게 반대하지 말라.
한 번 정의에 반하는 행동을 하면 죽은 뒤에도 수치스럽다.

권력을 과시하고 제 배를 불리는 자와 가까이하지 말라.
한 번 그런 사람과 교류하면 일생의 오점으로 남는다.

| 전집 111칙

내 뜻을 굽혀 남을 기쁘게 하지 마라

자신의 뜻을 굽히면서까지
타인의 마음에 들려고 하지 마라.
비록 남에게 미움받더라도, 내 신념을 지키는 게 낫다.

특별히 잘한 일도 없으면서 칭찬받으려고 하지 마라.
그보다는 잘못한 일도 없이 비난받는 것이 차라리 낫다.

| 전집 112칙

작은 일도 소홀히 하지 않는다

첫째, 작은 일도 소홀히 하지 않는다.

둘째, 다른 사람이 보든 말든 속이거나 숨기지 않는다.

셋째, 실의에 빠져도 결코 포기하지 않는다.

이 세 가지를 지킬 수 있는 사람이

진정 훌륭한 사람이다.

| 전집 114칙

주변을 두루 살펴라

신기하고 색다른 것만 좋아하는 사람은

원대한 식견이 없으며,

주위 의견에 귀 기울이지 않고 독단적으로 행동하는 사람은

끝까지 자신의 뜻을 지킬 수 없다.

| 전집 118칙

토대가 부실한 집은 오래가지 못한다

사업을 발전시키는 토대는 그 사람의 인품에 있다.
토대를 잘 다지지 않은 건물이 오래가지 않는 것처럼
인덕이 부족한 사람이 일으킨 사업이
장기적으로 성공한 예를 본 적이 없다.

자손을 번영시키는 근본은 그 사람의 뜻에 있다.
뿌리가 단단하지 않은 나무가 무성하게 자라지 못하듯
확고한 뜻과 신념이 없는 사람의 자손이
제대로 살아가는 예를 본 적이 없다.

| 전집 158-159칙

도덕과 학문이 일상이 되도록

도덕은 만인 공통의 것이니
모든 사람에게 가르쳐 행하도록 해야 한다.

학문은 날마다 먹는 밥과 같으니
매일 노력하고 단련해야 한다.

| 전집 161칙

성과가 보이지 않는다고 실망하지 말라

좋은 일을 해도 성과가 나타나지 않을 때가 있다.

비록 지금 당장은 눈에 보이지 않더라도,

풀숲에 숨어 열매를 맺는 오이처럼

미처 알아차리지 못한 사이에 번듯하게 결실을 맺는다.

나쁜 일을 저질러도 손해를 입지 않는 경우가 있다.

하지만 악행으로 얻은 이익이나 성과는

초봄 풀밭에 쌓인 눈처럼 돌연 사라지게 된다.

| 전집 164칙

이해득실을 따져야 할 때와 잊어야 할 때

어떤 일을 논할 때는
객관적인 관점에서 이해득실을 살펴야 하고,
일을 실행에 옮길 때는
이해득실을 전부 잊고 일에 몰두해야 한다.

| 전집 176칙

급하게 이루려고 하면 깊이가 얕다

자기 자신을 갈고닦는 일은

쇠를 백 번 단련하듯 충분한 시간을 들여야 한다.

서둘러 이루려고 하면 깊이가 얕아진다.

일을 추진할 때는 묵직한 화살을 쏘듯이 신중해야 한다.

가볍게 시작한 일은 큰 성과를 얻지 못한다.

| 전집 191칙

본질에 이를 때까지 파고들어라

책을 읽을 때는 그 정수를 느낄 때까지 파고들어라.

그렇지 않으면 겉핥기식 이해에 그친다.

사물을 관찰할 때는 그것과 혼연일체가 될 때까지 해라.

그래야만 표면적인 현상에 사로잡히지 않고

본질을 꿰뚫어 볼 수 있다.

| 전집 217칙

일을 줄이고 마음을 지킨다

낚시는 속세를 벗어난 취미지만
물고기를 살릴 수도, 죽일 수도 있는 힘을 갖는다.
바둑은 고상하고 우아한 놀이지만
승패를 다투는 승부욕이 생긴다.

따라서 온화한 마음으로 느긋하게 살고자 한다면
새로운 일을 즐기기보다
지금 하는 일을 줄이는 것이 낫고,
재능이 많은 것보다
재능 없이 자기 본래 마음을 지키는 것이 낫다.

| 후집 2칙

그만둬야 할 것은 당장 그만둬라

무언가를 그만두겠다는 생각이 들면
결심한 그 순간 단호히 멈춰라.
고민하거나, 조만간 그만두겠다며 뭉그적거리면
시기를 놓치고 평생 그만두지 못한다.

| 후집 15칙

명성을 버리고 한가로움을 누린다

명성을 자랑하는 것은

명성을 버리고 떠나는 것만 못하고,

일에 능숙한 것은

일을 줄여 한가로운 것만 못하다.

| 후집 31칙

환경을 바꿔 마음의 여유를 찾는다

깊은 숲속 냇가를 거닐고 있으면
나쁜 습관에 물든 마음이 저절로 씻겨 나가고,
시와 그림을 느긋하게 즐기다 보면
속세에 찌든 기운이 어느새 사라진다.

취미에 마음을 빼앗겨 본래 뜻을 잃어서는 안 되지만,
의식적으로 환경을 바꿔 마음을 가다듬는 것도 중요하다.

| 후집 45칙

오래 엎드린 새가 높이 난다

오래 엎드린 새는 반드시 높이 날고,
일찍 핀 꽃은 빨리 진다.

사람도 그러하니,
좀처럼 성공하지 못한다고 한탄할 것 없다.
그럴 때 확실히 힘을 비축해 두면
이윽고 원활하게 풀리기 마련이다.

이 같은 이치를 알면 인생을 살아가는 가운데
자포자기하듯 내던지지 않으며,
초조하게 성공을 구하지도 않는다.

| 후집 76칙

생각을 없애려 할수록 생각에 사로잡힌다

사람들은 어떤 것에도 사로잡히지 않고
무심한 태도로 살아가고자 하지만,
잡념을 없애려 할수록 오히려 잡념이 생긴다.

그저 지나간 일을 마음에 담아 두지 않고
아직 오지 않은 일을 미리 고민하지 않으며,
그저 지금 눈앞에서 일어나는 일들을
담담하게 정리해 나가는 것.

이 같은 태도로 살면
저절로 무념무상의 경지에 이른다.

| 후집 81칙

떠나야 할 때를 아는 사람

흥이 한창 무르익을 무렵,
미련 없이 자리를 털고 일어나는 사람은
마치 거리낌 없이 절벽 위를 걷는 듯 당당해서 멋지다.

밤이 깊었는데 여전히 술에 취해 서성이는 사람은
욕망의 늪에 빠져 허우적거리는 듯 보여 딱하다.

| 후집 103칙

마음으로 깨닫는 바가 없다면

꽃을 가꾸고 나무를 심고 물고기를 감상하며
취미를 즐기는 가운데도,
무언가 느끼거나 깨닫는 것이 있어야 한다.

그저 겉모습을 보고 즐기기만 하면
유교에서 말하는 '반쪽짜리 학문'이요,
불교에서 말하는 '현상만 보고 실체를 보지 못하는' 것이니
그래서는 아무런 의미도 없다.

| 후집 124칙

7부

인간에
대하여

달인은 오히려 평범하다

진한 술과 기름진 고기, 몹시 맵거나 단 것은
진정한 맛이 아니다.
진정한 맛이란 놀랄 만큼 담백하다.

남보다 신기하고 뛰어난 재주를 가졌다고 해서
달인은 아니다.
진정 높은 경지에 오른 사람은 그저 평범할 뿐이다.

| 전집 7칙

낮은 곳에 있어 봐야
높은 곳의 위태로움을 안다

낮은 곳에 있어 본 뒤에야
높은 곳에 오르는 위태로움을 알고,
어두운 곳에서 지내다 보면
밝은 곳에 있는 사람들의 행동이 잘 보인다.

조용히 살아 본 뒤에야
무언가를 찾아 헤매는 것이 덧없음을 알게 되고,
침묵을 지키다 보면
말 많은 것이 얼마나 시끄러운지 알 수 있다.

| 전집 32칙

나쁜 친구는 잡초와 같다

자식을 가르칠 때 환경을 잘 정비하는 것이 중요하다.
특히 주의해야 할 것은 교우관계다.

행실이 나쁜 사람과 한번 가까워지면
비옥한 밭에 잡초 씨앗을 뿌리는 것과 같다.

잡초가 무성한 밭에 좋은 곡식을 심기 어렵듯
한번 악행에 물들어 버리면
바른길로 되돌리는 데 상당한 시간이 걸린다.

| 전집 39칙

선인과 악인이 따로 있지 않다

사람은 누구나 마음 깊은 곳에 자비심이 있으니,
훌륭한 사람이든 모두가 손가락질하는 사람이든
다르지 않다.

어디라도 정들면 고향이고 그 나름의 멋이 있으니,
호화로운 저택에 살든 소박한 오두막집에 살든
다르지 않다.

다만 욕심에 눈이 멀고 감정에 사로잡혀서
착오와 실수를 저지르면
그 차이가 걷잡을 수 없게 된다.

| 전집 45칙

양심과 위선을 알아보는 법

나쁜 짓을 하고서 남에게 알려질까 겁내는 사람은
아직 양심이 남아 있다.

반면에 착한 일을 하면서 남이 알아주길 기대한다면
그것은 위선일 뿐이다.

| 전집 67칙

지나치게 맑은 물에는 물고기가 없다

더러운 땅에서는 초목이 무성하게 자라지만
너무 맑은 물에서는 물고기가 살지 못한다.

사람도 마찬가지여서,
홀로 깨끗하면 다른 사람과 친해지기 어렵다.
때 묻고 더러운 것도 받아들여 품는 아량이 있어야 한다.

| 전집 76칙

의욕이 없는 사람은 평생 발전이 없다

감당하기 어려운 사나운 말도 길들여 탈 수 있고,
다루기 힘든 쇠도 주물 틀에 넣어 형태를 잡을 수 있다.

문제는 의욕 없이 매일 그냥저냥 살아가는 사람이다.
그런 자는 일생토록 발전이 없다.

학자 백사白沙가 말하기를,
"사람으로 태어나 병이 많은 것은 부끄러운 게 아니다.
평생 마음의 병(고뇌)이 없는 것이 오히려 근심스럽다"라고
했는데, 실로 정곡을 찌른 말이다.

| 전집 77칙

단단함과 부드러움의 양면을 지닌 사람

청렴하면서도 포용력이 있고,

배려심을 가지면서도 판단이 명확하며,

똑똑하지만 타인의 생각을 무턱대고 비판하지 않고,

강직하나 지나치게 바른 것을 따지지 않는다.

이처럼 단단함과 부드러움의 양면을 두루 갖춘 사람이

진정 훌륭한 인물이다.

| 전집 83칙

역경은 나를 성장시키는 약이다

역경에 처해 있을 때는
주위의 모든 것이 나를 단련시키는 약이다.
역경을 벗어나려고 필사적으로 노력하다 보면
자신도 모르게 인간적으로 큰 성장을 이루게 된다.

일이 수월하게 흘러갈 때는
눈앞의 모든 것이 나를 망치는 칼이다.
그 상황에 안심하고 노력과 단련을 게을리하여
자신도 모르게 성장이 멈춘다.

| 전집 99칙

이익에 오가는 것이 인정세태

저들이 아쉬울 때는 뻔질거리게 찾아오다가도
배가 부르면 떠나간다.

내가 잘나갈 때는 부지런히 들락거리다가도
망하면 돌아보지도 않는다.

인간은 이해타산적인 존재라,
이것이 예나 지금이나 인간사의 상식이다.

| 전집 143칙

자기주장만 고집하는 사람은
고칠 방법이 없다

사리사욕을 채울 생각만 하는 사람은
잘못을 바로잡아 올바른 길로 이끌 수 있지만,
자기주장만 고집하는 사람은 가르칠 방도가 없다.

물질적인 면에 장해가 있으면 얼마든지 고칠 수 있지만,
도덕심이 없고 심사가 비뚤어진 사람처럼
정신에 결함이 있으면 고칠 방법이 없다.

| 전집 190칙

명성을 좇는 자를 주의하라

자신에게 득이 되는지만 따지는 자는
이미 도리에서 벗어난 언행을 일삼기에
그 악행이 어디서든 쉽게 드러난다.

그러나 명성을 좇는 자는
도덕와 정의를 방패막이 삼아 뒤에서 악행을 저지르기에
좀처럼 남들 눈에 띄지 않는다.
따라서 헤아릴 수 없이 큰 폐해를 일으킨다.

| 전집 193칙

각박한 사람이 되지 말자

큰 은혜를 입고도 보답하려 하지 않으면서,
대수롭지 않은 원망에는 반드시 앙갚음한다.

남의 악행을 들으면 확실하지 않아도 곧바로 믿고,
남의 선행에 대해서는 사실일지라도 의심부터 한다.

이렇게 각박하고 경박한 사람이 되지 않도록
모쪼록 경계해야 한다.

| 전집 194칙

어릴 때 단련해야 좋은 그릇이 된다

아이는 훌륭한 어른의 씨앗이고,
학생은 장차 지도자가 될 재목이다.

훌륭한 어른이나 뛰어난 지도자가 되고자 한다면
이 시기에 부지런히 배우고 단련해야 한다.

그렇지 않으면 훗날 세상에 나아가
좋은 그릇이 될 수 없다.

| 전집 222칙

겉으로 하는 말과 속마음이 다를 때

도시에서 벗어나 자연에 사는 것이
얼마나 즐거운지 남들에게 떠벌리는 사람은
아직 자연의 진정한 맛을 알지 못한다.

명성이나 돈벌이에 대해
대놓고 말하기를 꺼리는 사람은
아직 명성이나 이익에 대한 미련이 남아 있다.

| 후집 1칙

맹수보다 사람 마음 다스리기가 어렵다

과거 천하를 호령하던 왕조의 유적지에
풀이 무성히 자란 모습을 보고도
세상 사람들은 싸움을 그치지 않는다.

또한 죽으면 땅에 묻혀
들짐승의 먹이가 된다는 것을 알면서도
속세의 이익이나 명예에 마음을 빼앗긴다.

옛사람이 말하길
'맹수는 길들일 수 있어도
사람의 마음은 항복시키기 어렵고,
깊은 골짜기는 메울 수 있어도
사람의 마음은 만족시킬 수 없다'고 하였으니,
참으로 옳은 말이다.

| 후집 65칙

세상의 악습에 물들지 말라

산나물은 사람의 보살핌이 없어도 자라고
들짐승도 사람이 주는 먹이를 먹지 않고도 크는데,
그 맛은 사람 손으로 기른 것보다 훨씬 향기롭고 좋다.

사람도 세상의 나쁜 관습에 물들지 않으면
그 인품이 훨씬 향기롭지 않겠는가.

| 후집 123칙

8부

행
복
에
 대
하
여

신경 쓸 일이 많은 사람은 불행하다

일이 적은 것보다 더 큰 행복이 없고,
오만가지를 신경 쓰는 것보다 더 큰 불행이 없다.

일에 시달려 본 사람만이
일을 줄이는 것이 얼마나 행복한지 깨닫고,
마음이 평온해 본 사람만이
헛된 고민과 걱정이 얼마나 불행한지 안다.

| 전집 49칙

일이 잘 풀릴 때 뜻밖의 슬픔이 온다

괴로운 가운데 기쁨이 찾아오고,

일이 뜻대로 되어갈 때

문득 실의의 슬픔이 닥치는 법이다.

| 전집 58칙

비워야 넘치지 않는다

보름달도 때가 되면 기울고

물도 가득 차면 넘친다.

높은 명예나 막대한 재산도 언젠가는 사라지기 마련이다.

그러니 현명한 사람은 채우기보다 비우려 하고,

완벽을 추구하기보다 부족한 것을 편안하게 여긴다.

| 전집 63칙

풍족한 생활 속에 더 큰 불행이 있다

사람들은 이름 있고 지위 있는 것만 행복한 줄 알지,
이름 없고 지위도 없는 평범한 삶 속에
진정한 행복이 있는 줄 모른다.

사람들은 굶주리고 추운 것만 불행한 줄 알지,
굶주리지 않고 춥지도 않은 가운데 느끼는 불행이
더 심각하다는 것은 미처 깨닫지 못한다.

| 전집 66칙

복을 부르고 화를 피하는 비결

행복해지길 바란다고 행복해지는 게 아니다.
항시 즐겁고 기쁜 마음으로 살아가는 것만이
행복을 불러오는 비결이다.

불행은 피하고 싶다고 피해지는 게 아니다.
남을 해하려는 마음을 버리고 늘 배려심으로 대하는 것만이
불행을 피하는 비결이다.

| 전집 70칙

진짜 오래가는 행복이란

괴로움과 즐거움을 두루 겪으며 자신을 갈고닦으면
그 끝에 이룬 행복이 비로소 오래간다.

의심하기도 하고 믿기도 하며 깊이 헤아려 살피면
그 결과로 얻은 지식이야말로 참되다.

| 전집 74칙

불행은 피하려고 애쓸수록 쫓아온다

욕심이 없는 사람은
애써 행복을 찾으려 하지 않지만,
어느결에 행복한 인생을 살아간다.

탐욕스럽고 마음이 비뚤어진 사람은
늘 불행을 피하려고 애쓰지만,
어느결에 불행한 인생을 살아간다.

하늘의 작용이 이처럼 신비로우니
사람의 얕은 지혜 따위가 견줄 바가 아니다.

| 전집 91칙

만족을 모르면 스스로 거지가 된다

욕심이 많은 사람은

돈을 가져도 보석을 가지지 못한 것에 불만을 느끼고,

높은 지위를 얻어도 더 높은 지위를 얻지 못함을 원망한다.

이런 사람은 귀한 자리에 올라도

스스로 걸인으로 전락하고 만다.

만족할 줄 아는 사람은

아무리 소박한 식사라도 맛있게 여기고,

허름한 옷을 입어도 따뜻하다고 말한다.

이런 사람은 가난한 서민이라도 왕이 부럽지 않다.

| 후집 30칙

행복은 불행으로, 삶은 죽음으로 이어진다

병에 걸리고서야 건강의 중요성을 깨닫고
전쟁을 겪은 뒤에야 평화의 소중함을 아는 것은
선견지명이라고 할 수 없다.

행복을 원하면서도 그것이 불행의 원인이 됨을 알고,
오래 살기를 바라면서도 그 끝에 죽음이 기다리고 있음을
안다면, 그것이 바로 현자다.

| 후집 98칙

행복과 불행의 경계는 마음에 달렸다

행복과 불행의 경계는 마음 먹기에 달려 있다.

부처가 말하길,

'이익과 욕망에 마음을 빼앗기면 그곳이 불구덩이요.

탐욕과 집착에 사로잡히면 그곳이 고통의 바다다.

욕망을 다스리면 타오르던 불꽃도 시원한 연못이 되고,

집착을 끊어 내면 고해에서 벗어날 수 있다.'

| 후집 108칙

기쁨과 슬픔은 하나다

자식이 태어날 때는 어머니의 건강이 위태롭고
부자가 되면 도둑이 재산을 노리니,
어떤 기쁨이나 행복도 슬픔이나 불행의 원인이 될 수 있다.

가난하면 아껴 쓰게 되고
병이 들면 몸을 보살피게 되니,
어떤 슬픔이나 불행도 기쁨이나 행복의 씨앗이 될 수 있다.

행복과 불행이 하나인 것을 알면
기쁨도 슬픔도 잊을 수 있다.
이런 태도로 살아가는 사람이 인생의 달인이다.

| 후집 119칙

분에 넘치는 복이나 횡재에 주의하라

자신에게 어울리지 않는 과분한 행복이나
아무 이유 없이 얻어지는 이익은
하늘이 당신을 시험하려고 던진 미끼이거나
인간 세상에 놓인 함정이다.
이럴 때 정신을 바짝 차리지 않으면
곧 그 꾐에 걸려들고 만다.

예상 밖의 행복이나 이익을 얻었을 때는
그것이 내 분수에 맞는 것인지 아닌지
냉철하게 판단하고 대처해야 한다.

| 후집 126칙

적당한 것이 아름답다

꽃은 반쯤 피고
술은 적당히 취한 것이 가장 좋다.

꽃이 흐드러지게 피거나
술이 흠뻑 취할 정도가 되면
도리어 아름답지 못하다.

충분히 만족스러운 상황에 있다면
이 점을 잘 생각해 보라.

| 후집 122칙

괴로움은 오직 자신이 만든 것일 뿐

사람들은 걸핏하면 투덜댄다.
'세상이 더럽다.' '사는 게 고통이다.'
그러나 이는 눈앞의 이해득실에만 사로잡혀
세상의 아름다움을 보지 못하기 때문이다.

구름은 하얗고 산은 푸르고
시내는 졸졸 흐르고 바위는 우뚝 솟아 있다.
들에는 꽃이 피고 새는 재잘거리고
계곡에는 메아리가 치고 나무꾼은 노래를 부른다.

이 세상은 더럽지 않고, 괴로운 일만 일어나지도 않는다.
그렇게 만드는 것은 오직 자신의 마음이다.

| 후집 121칙